JN418759

문장에서 에세이로

From Sentences
o Essays

숭희 저

태학원

서 문

인간은 누구나 말을 한다. 글이 없는 민족에게도 말은 있다. 그러나 글이 없이는 인류 문명과 문화의 발생과 진보가 불가능하듯, 인간에게는 글이 중요하다. 최근 들어 우리 사회에서 각종 "글쓰기"의 중요성이 나날이 고조되고 있는데, 이는 대단히 고무적인 현상이라 하겠다.

한글 쓰기 교육의 일환으로 초등 단계부터 "그림일기"를 장려하듯, 영어교육에서도 "듣기," "말하기," "읽기"와 더불어 "쓰기"는 학습의 가장 첫 단계부터 다뤄져야 한다. 그러나 우리나라의 영어교육 현장에서는 대체로 "쓰기"지도가 올바로 수행되지 못하고 있다. 그 결과, 유치원은 차치하고서라도, 초등, 중등, 고등학교를 통틀어 10여년이라는 긴 세월동안 영어를 학습함에도, 적지 않은 학생들이 영작문 훈련을 받지 못한 채 대학생이 된다. 참 안타까운 일이다.

이 책은 영작문의 초보자들을 위한 기초 교본으로서, 이론 소개서라기보다는 실제연습 위주의 워크북(Workbook)이다. 제1부에서는 문장쓰기, 제2부에서는 문단쓰기, 제3부에서는 에세이쓰기를 다루었다. 특히 제1부에서는 영문 예문들 중 쉬운 문장까지 우리말 번역을 덧붙임으로써 누구나 쉽게 접근할 수 있도록 했다. 이 모든 우리말 문장들을 영역해 보는 것도 좋은 문장쓰기 연습이 될 것이다. 이 책의 또 다른 특징은, 작문을 제한된 시간 내에 완성하는 일회적 결과물로서가 아니라, 하나의 생각이 싹트고, 발전되고, 숙성되고, 수정되어 한 편의 글로 완성되기까지, 수많은 피드백과 수정을 요하는 "과정"(Process)으로서 접근한다는 것이다.

악기 연주, 춤, 운동, 그림 등 실기분야에서 좋은 기술 습득을 위해서는 부단한 연습이 필요하듯, 영작문을 잘하기 위해서도 가장 중요한 것은 꾸준한 연습이다. 영작문에 지름길은 없다. 이 책이 영작문에 대한 독자들의 두려움과 오해를 불식시키고 흥미와 자신감을 갖게 함으로써, 영작문 실력 향상을 위한 친절한 길잡이가 되기를 간절히 바란다.

2012. 8.

백령 동산에서 저자

자기진단

작문에 관한 나의 생각은?

아래의 10 문항 밑에는 **전혀 그렇지 않다(1)** 에서 **매우 그렇다(10)**까지 10 단계를 나타내는 숫자가 있다. 각 문항을 읽고 본인의 생각을 가장 잘 나타낸 숫자에 동그라미를 하라. 작문에 대한 이해도를 알아보기 위한 것이니 정확한 결과를 얻기 위해서는 정직하게 답해야 한다. (답을 다 작성한 후에는 다음 쪽을 보라.)

문 항	전혀 그렇지 않다(1) →매우 그렇다(10)
1. 나는 작문을 싫어한다.	1 2 3 4 5 6 7 8 9 10
2. 작문은 연설의 내용을 종이에 옮겨 적은 것이다.	1 2 3 4 5 6 7 8 9 10
3. 날 때부터 글재주가 없는 사람은 작문을 배울 수 없다.	1 2 3 4 5 6 7 8 9 10
4. 글의 평가는 주관적이다. 동일한 글이 사람에 따라 A 혹은 F로 평가 될 수도 있다.	1 2 3 4 5 6 7 8 9 10
5. 말 잘하는 사람이 글도 잘 쓸 것이다.	1 2 3 4 5 6 7 8 9 10
6. 문법은 작문의 가장 중요한 요소이다.	1 2 3 4 5 6 7 8 9 10
7. 나는 글을 쓸 때 개요 없이 그냥 쓰기 시작한다.	1 2 3 4 5 6 7 8 9 10
8. 나는 글을 쓰고 나서 대폭적인 수정을 하지 않는다.	1 2 3 4 5 6 7 8 9 10
9. 문법을 완벽하게 구사하면 좋은 글을 쓰게 될 것이다.	1 2 3 4 5 6 7 8 9 10
10. 나는 작문을 끝낸 후 다시 읽어보는 법이 거의 없다.	1 2 3 4 5 6 7 8 9 10

***본인이 표시한 숫자를 모두 합산하여 아래의 빈 칸에 적으라.**

____

아래에 합산 결과에 대한 설명이 있다. 본인이 작문에 대하여 얼마나 올바르게 이해하고 있는지 점검해 보기 바란다.

합 산	작문에 대한 이해의 정도
75 – 100	작문에 대하여 오해하고 있는 부분이 많습니다. 앞으로 작문에 대하여 많이 배워야 할 것 같네요!
50 – 75	아마도 대부분의 사람들이 이 영역에 속할 것 같군요. 작문에 대하여 정확하게 알고 있는 부분도 있지만, 아직 배워야 할 것이 많은 것 같습니다.
25 – 50	좋은 글을 쓰기 위해서 꼭 알아야 할 작문의 기본에 대하여, 대다수의 사람들보다는 바르게 알고 있군요.
10 – 25	작문에 대하여 매우 정확하게 알고 있습니다. 축하합니다!

영작문을 시작하기 전에 알아두어야 할 것들

1. 말하기와 글쓰기의 차이

말을 잘하는 사람이 글도 잘 쓴다? 이것이 사실인 경우도 있지만 반드시 그런 것은 아니다. 오히려 말이 어눌한 사람들 중에 글쓰기 능력이 탁월한 예가 얼마든지 있다. 말과 글은 모두 우리의 생각을 남에게 전달하는 의사소통의 수단이지만, 둘 사이에는 커다란 차이가 있다.

말하기와 글쓰기의 보조수단

보조수단 \ 의사소통 방법	말하기	글쓰기
단 어	○	○
종이 / 컴퓨터 화면	×	○
필기도구	×	○
대화의 상대	○	×
상대의 즉각적 반응	○	×
얼굴 표정	○	×
어조 및 억양	○	×
제스처	○	×
대화의 장소	○	×
즉각적인 교정	○	×

위의 표에서 알 수 있듯, 우리가 말을 할 때는 어조, 억양, 말의 속도, 얼굴표정, 제스처 등을 통해서 자신의 의사를 상대방에게 효과적으로 전달할 수 있고, 상대방도 즉각적 반응, 질문, 얼굴표정 등을 통해서 원활한 의사소통을 돕는다. 따라서 비문법적 문장이나 틀린 어휘를 사용한다든가 주요 부분을 생략하는 경우에도 보조수단을 통해서 대화의 의도, 목적, 내용 등을 충분히 전달할 수 있다.

한편, 글쓰기에는 종이/컴퓨터와 필기도구 외에 다른 보조 장치가 없다. 효율적인 의사소통 여부가 오직 "언어 구사력"에 의해 결정된다. 따라서 글쓰기는 말하기보다 더욱 더 정확한 언어의 이해와 사용능력을 요한다.

그러나 중요한 것은, 모든 다른 기능처럼, 글쓰기도 배울 수 있고 또 훈련에 의해 향상될 수 있다는 것이다. **타고난 글재주가 없는 사람이라도 올바른 학습과 부단한 연습에 의해서 좋은 글을 쓸 수 있다!** 이 사실을 명심하기 바란다.

2. 분석적 읽기

"**쓰기 위해서 읽고, 읽기 위해서 쓴다.**"는 말이 있다. 이는 동전의 양면과도 같은, 읽기와 쓰기의 상호의존성을 잘 나타내는 말이다. 광의로 볼 때, 모든 교육은 "읽기"와 "쓰기"로 수렴된다고 해도 과언이 아닐 만큼 읽기와 쓰기가 교육에서 차지하는 비중은 막대하다. 거의 모든 공부는 책읽기로부터 출발하고, 글쓰기를 통해 완성된다. 책읽기를 통해 앞서간 사람들의 지식과 지혜를 배워 내 생각을 발전시키고, 쓰기를 통해 내 지식과 통찰의 결과를 전달한다. 읽기와 쓰기는 생각과 지식의 '**입력(Input)**'과 '**출력(Output)**'의 가장 확실한 도구들인 셈이다.

좋은 글을 쓰기 위한 가장 확실한 안내자는 '좋은 글' 자체이다. 잘 씌어 진 글은 우리가 쓰고자 하는 글의 훌륭한 본보기로서, 효과적이고도 구체적인 도움을 제공해주기 때문이다. 우선 좋은 글은 유익한 지식과 정보는 물론 흥미와 즐거움을 제공하며, 창의력을 신장시킨다. 독서를 많이 한 사람이 그렇지 않은 사람보다 더 시야가 넓고, 마음의 여유를 누리며, 발전적일 수밖에 없지 않겠는가.

그러나 '**쓰기 위한 읽기**'(**Reading for Writing**)는 단지 지식과 정보를 얻고, 즐거움을 경험하며, 생각을 발전시키는 것 그 이상이다. 쓰기 위한 읽기란 무엇보다도 **작가적인 관점에서의 분석적 읽기**를 뜻한다. (1) 글의 **주제**는 무엇이며 **논제**는 어떻게 진술되었는가? (2) **서론, 본론, 결론**의 구성은 적절한가? (3) 문장과 문장 사이, 문단과 문단 사이의 **전이**와 **연계**는 어떠한가? (4) **어휘/어구**의 사용은 효율적인가?

(5) **표현**이 정확, 간결, 명료하며, 비문은 없는가? (6)글이 **설득력**을 갖는가? (7)직유법이나 은유법 등 **문학적 기교**가 사용되었는가? (8)**구두점**의 사용은 적절한가? (9)글이 전체적으로 신선한 **감동**, 새로운 **도전**, 유익한 **정보** 등을 제공하는가? 이러한 세부사항들을 분석적으로 검토함으로써, 좋은 글에 대한 구체적인 안목과 식견을 기를 수 있다.

실제로 특정 집단의 학생들을 대상으로 쓰기와 읽기 지도를 병행했을 때, 쓰기지도만 했을 때보다도 쓰기 능력이 훨씬 더 향상되었다는 연구결과가 무수히 많다. 영어권 교육기관들은 쓰기 교육에 읽기를 반드시 포함한다. 어쨌든 **"글쓰기의 가장 훌륭한 교사는 좋은 글 자체"**임을 유념하고, 좋은 에세이들을 많이 읽되, 특히 분석적으로 읽기를 권장한다.

3. 내 글의 독자는?

앞서 "쓰기 위한 읽기"를 살펴보았다면, 여기서는 **"읽기 위한 쓰기"(Writing for Reading)**를 고찰해 보자. 주부의 장보기 목록에서부터, 각종 약속을 위한 메모, 직장의 업무 보고서나 송장(送狀), 광고문, 사랑편지, 반성문, 논술이나 학술/실험 보고서, 학위 논문, 자서전, 문학작품, 이력서, 신문이나 잡지 기사, 국가 간의 조약에 이르기까지 모든 글은 저자 자신을 포함하여 누군가가 읽기 위한 것이다. 꼭꼭 숨겨두는 은밀한 일기에조차 진실만을 쓰지는 않는다. 언젠가 누군가가 일기를 읽게 되리라는 전제가 있기 때문이다.

글쓰기가 읽기를 전제로 한다면, 저자는 우선 자기 글의 **'독자가 누구인가'**를 고려해야 한다. 초등학생을 대상으로 쓰는 교훈적인 글과, 교수에게 제출하는 논문이 같을 수 없듯, 독자와 글의 목적에 따라서 글의 내용과 형식이 결정되기 때문이다. **"독자에 기반을 둔 글"(Reader-Based Writing)**이 좋은 글의 조건이 된 지도 벌써 오래 되었다. 독자를 염두에 두고, 독자의 이해를 돕고, 독자로부터 긍정적인 반응을 얻는 글을 쓰고자 할 경우, 아래와 같은 물음들에 답해야 한다.

(1) 이 글의 독자는 누구인가? 이 글은 독자의 수준을 고려했는가?
(2) 이 글의 목적은 무엇인가?
(3) 이 글의 주제와 내용이 독자의 흥미와 관심을 불러일으킬 것인가?
(4) 이 글이 독자에게 의미 있게 받아들여질 것인가?
(5) 이 글에 독자를 지루하게 할 상투적인 내용은 없는가?
(6) 이 글이 독자에게 새로운 정보를 제공하는가?
(7) 이 글이 독자에게 신선한 감동이나 새로운 도전을 주는가?
(8) 이 글이 너무 쉽거나 어려워서 독자로부터 외면당하는 것은 아닌가?

글을 읽을 때 작가적 관점에서 분석적으로 읽어야 하듯, 쓸 때는 독자적 관점에서 쓰는 것. 이것이야말로 좋은 글을 쓰기 위한 필수덕목이다. 아무리 훌륭한 글이라고 할지라도 독자의 눈높이를 고려하지 않았거나, 독자의 흥미와 관심을 이끌어낼 수 없다면, 그러한 글은 생명력을 얻지 못하기 때문이다.

4. 어순(語順)의 중요성

우리말은, 명사에 격조사를 붙임으로써 단어의 격(주격, 소유격, 여격, 목적격, 호격 등)을 나타내기 때문에 단어가 문장 어디에 있든지 항상 고유의 격을 갖는다. 따라서 단어의 순서에 의해 문장의 의미가 달라지지 않는다. 그러나 격조사가 없는 영어의 경우 문장의 의미를 명료하게 하기 위해서 단어의 배열순서가 매우 중요하다. 아래의 두 문장을 비교해 보자.

1. **나는**① **사과를**② **먹는다**③.　　　2. A dog① bites② a cat③.

1의 경우, ①주어와 ③동사 사이에 ②목적어가 오는 것이 기본 순서이나, 이 단어들의 위치를 다양하게 바꿔도 문장의 뜻이 변하지 않는다.

1-1. **나는 먹는다 사과를.** (① ③ ②)
1-2. **사과를 먹는다 나는.** (② ③ ①)
1-3. **사과를 나는 먹는다.** (② ① ③)
1-4. **먹는다 나는 사과를.** (③ ① ②)
1-5. **먹는다 사과를 나는.** (③ ② ①)

2의 경우, ①주어와 ③목적어의 순서를 바꿔서 다음과 같이 써보자.

A cat bites a dog. **(고양이가 개를 문다.)**

위의 문장에서 **'a dog'**과 **'a cat'**의 순서가 바뀌자 당초의 "개가 고양이를 문다"는 문장이 "고양이가 개를 문다"는 것으로 바뀌었다. 명사가 동사 앞에 있으면 주어, 뒤에 있으면 목적어가 되기 때문이다. 영어 문장에서 어순이 얼마나 중요한지를 보여주는 예이다. 그리고 1의 다양한 조합이 2에서는 전혀 불가능하다. (영시에서 운율을 맞추거나 시적 효과를 위해서 의도적으로 단어를 도치시키는 경우는 예외로 한다.) 명령문 같은 경우를 제외하면, **영어 문장은 거의 언제나 '주어 + 동사'의 순서로 시작되며,** 보어나 목적어 등은 동사 뒤에 온다. 또한 가능한 한 주어+동사를 나란히 놓고자 하는 속성이 있다.

5. 주부(Subject Part)와 술부(Predicate Part)

작문의 기초는 문장쓰기이다. "구슬이 서 말이라도 꿰어야 보배"이듯, 문장을 쓸 수 없다면 풍부한 어휘도 쓸모가 없고, 문단이나 에세이쓰기 단계로 진입할 수도 없다. 명령문을 제외하면, 문장은 대체로 주부와 술부로 구성된다. 주부는 문장의 주체가 되는 사람, 사물, 비인칭 주어 및 기타 주어적인 요소들로 이루어진다. 주부에 대한 진술, 설명, 묘사를 하는 부분을 술부라 한다.

	〈주부〉	〈술부〉	〈수식어구〉
예	1. The sun	rises	(over the hill).
	2. He and his son	were dressed	(in a bright pink).
	3. These students	play soccer	(every weekend).
	4. My uncle	gave me a picture	(in a gilded frame).
	5. The villagers	left the door unlocked	(habitually)

1. 태양이 (동산 위로) 떠오른다.
2. 그와 그의 아들은 (밝은 분홍색) 옷을 입고 있었다.
3. 이 학생들은 (주말마다) 축구를 한다.
4. 삼촌이 나에게 (금박을 입힌 액자에 끼운) 그림을 하나 주셨다.
5. 마을 사람들은 (습관적으로) 문을 잠그지 않고 그냥 두었다.

위의 예문들을 통해서 다음과 같은 점들을 알 수 있다.

(1) 주부와 술부만 있으면 문장이 성립된다.
(2) 주부는 명사(구)로 이루어진다.
(3) 술부는 동사(위에서 밑줄 친 부분)를 중심으로 이루어진다.
(4) 동사의 속성에 따라서 문장의 구조가 달라진다.
(5) 수식어(구)는 문장을 구체적으로 묘사하고 의미를 풍요롭게 하지만, 문장의 필수 요소는 아니다. 수식어(구) 없이도 문장은 성립한다.

요컨대, 영어 문장을 쓰기 위해서는 주부와 술부에 대한 이해와 더불어, 기본 구문을 익혀야 한다. 잘 알려진 바와 같이, 영어 문장에는 5가지 기본 문형이 있다. 아무리 길고 복잡한 문장일지라도 기본 구조는 5가지 형태를 크게 벗어나지 않으므로, 기본 문형부터 익힌 후, 점차적으로 복잡하고 다양한 표현을 구사할 수 있도록 단계적으로 연습하는 것이 필요하다.

Contents 차례

제2부 문단쓰기

제3부 에세이쓰기

〈부록〉

제 1 부 문장쓰기

제1장 영어의 기본 문형 5 가지

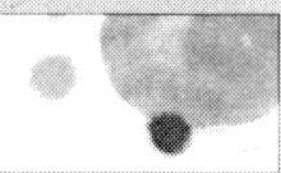

1. 1형식 문형

주어 + 완전자동사 (Subject + Intransitive Verb)

1형식 문형은 주어와 동사만 사용하여 문법적으로 완전한 문장을 이루는 가장 기본적이며 단순한 형태이다. 동사만으로 주어에 대한 충분한 진술이 가능하기 때문에, 1형식 문장에 사용되는 동사를 완전자동사라고 한다.

1-1. 주어 + 동사 (Subject + Verb)

	〈주어〉	〈동사〉	
예 1.	A new day	breaks.	새날이 밝아온다.
2.	Darkness	fell.	어둠이 찾아왔다.
3.	We	laughed.	우리는 웃었다.
4.	The ostrich	runs.	타조가 달린다.
5.	People	travel.	사람들이 여행을 한다.
6.	The moon	changes.	달은 (모양이) 달라진다.
7.	The river	flows.	강물이 흐른다.
8.	Birds	sing.	새들이 지저귄다.
9.	The baby	cries.	아기가 운다.
10.	The fog	disappeared.	안개가 사라졌다.

1-2. 수식어를 동반하는 문장

주어 + 동사 + 부사구
(Subject + Verb + Adverb Phrase)

1-1에서 주어와 동사만 갖고도 완전한 문장이 성립되는 것을 보았다. 여기서는 '주어+동사'에 수식어인 '부사구'가 첨가된 문장을 살펴본다. 수식어는 문장 구성에 꼭 필요한 핵심적인 요소는 아니다. 그러나 문장의 의미를 구체화하거나 풍요롭게 해주며, 실제로 대부분의 문장이 수식어를 동반하므로 기초 단계에서부터 수식어에 친숙해질 필요가 있다. 수식어는 크게 '형용사적 수식어'와 '부사적 수식어'로 나뉜다. 형용사적 수식어가 명사/대명사를 수식하는 한편, 부사적 수식어는 동사, 형용사, 부사, 전치사구 그리고 문장 전체를 수식하는 등 광범위하게 사용된다.

	〈주어〉	〈동사〉	〈부사구〉
예 1.	Schools	start	in March in our country.
2.	A dolphin	swims	very well.
3.	Wind	blows	hard in (the) spring.
4.	The meeting	lasted	for three hours.
5.	People	jog	every morning.
6.	We	walked	to the bus terminal.
7.	I	stood	on the Acropolis.
8.	Church bells	rang	five times a day.
9.	Gold	melts	at 1945° F.
10.	We	moved	to another house.

1. 우리나라에서는 3월에 학교들이 개학을 한다.
2. 돌고래는 수영을 매우 잘한다.
3. 봄철에는 바람이 심하게 분다.
4. 그 회의는 3시간 동안 지속되었다.
5. 사람들은 매일 아침 조깅을 한다.

6. 우리는 버스 정류장까지 걸어갔다.
7. 나는 아크로폴리스 언덕에 서 있었다.
8. 교회 종들이 하루에 5번씩 울렸다.
9. 금은 화씨 1945도에 녹는다.
10. 우리는 다른 집으로 이사를 갔다.

Notice 전치사로 시작되는 부사구는 문장의 제일 앞에 올 수도 있다.
[예] In our country, schools start in March.

1-3. 형식주어(There)로 시작하는 문장

형식주어 + 동사 + 주어 + 부사구
(There + Verb + Subject + Adverb Phrase)

Be-동사가 상태나 상황이 아니라 '존재'(있다)를 나타내는 경우, 형식주어 'there'로 문장을 시작하는 것이 보통이다. 예를 들어, "이 집에는 유리 창문이 많다."고 할 때, "Many windows are in this house." 보다는 "There are many windows in this house."라고 쓰는 것이 더 자연스럽다.

	〈There〉	〈동사〉	〈주어〉	〈부사구〉
예 1.	There	are	fifty students	in this small classroom.
2.	There	is	a big pond	in the center of the city.
3.	There	were	many cars	on the street.
4.	There	was	an earthquake	near this area.
5.	There	are	few mistakes	in his writing.
6.	There	are	many beautiful flowers	in the garden.
7.	There	was	a grand piano	on the stage.
8.	There	is	a golden book	in the museum.
9.	There	were	dots of soot	on her face.
10.	There	is	a huge crater	on the top of that mountain.

1. 이 조그만 교실에 50명의 학생들이 있다.
2. 그 도시의 한 가운데에는 커다란 연못이 하나 있다.
3. 거리에는 많은 차들이 있었다.
4. 이 지역 근처에서 지진이 한 번 일어났다.
5. 그의 글에는 오류가 거의 없다.
6. 정원에는 많은 아름다운 꽃들이 피어 있다.
7. 무대 위에는 그랜드 피아노가 한 대 있었다.
8. 박물관에는 금으로 만든 책이 한 권 있다.
9. 그녀의 얼굴에는 검댕 얼룩이 묻어 있었다.
10. 저 산 정상에는 거대한 분화구가 하나 있다.

1-4. 'that-절'을 주어로 하는 문장

형식주어 + 동사 + that-절 (It + Verb + that-clause)

'That'이 이끄는 명사절을 주어로 하는 문장을 쓸 때는 형식주어(It)를 사용하는 것이 일반적이다. 예컨대, "그녀가 아픈 것 같다."는 문장을 쓸 때, "That she is sick appears." 대신에 "It appears that she is sick."이라는 2형식 문장으로 표현하며, 이 때 'that'을 생략하기도 한다. 이 문장은 "She appears to be sick."으로 바꿔 쓸 수도 있다.

	〈It〉	〈동사〉	〈that-절〉 (주어)
예 1.	It	seems	(that) the class has already started.
2.	It	appears	(that) the bus will not arrive on time.
3.	It	seemed	(that) the couple were devoted to each other.
4.	It	appeared	(that) all the passengers had been shocked.
5.	It	happened	(that) I was in London at that time.
6.	It	seems	(that) the sound is louder here.
7.	It	appears	(that) his answer is right.
8.	It	happened	(that) he could not read his valedictory.

9. It	happened	(that) she was away on a tour.
10. It	happened	(that) nobody was inside of the building.

1. 수업이 벌써 시작된 것 같다.
2. 버스가 정시에 도착하지 못할 것 같다.
3. 그 부부는 서로에게 헌신적인 듯 했다.
4. 모든 승객들이 충격을 받은 듯 했다.
5. 나는 그 당시 우연히 런던에 있었다.
6. 소리가 여기서는 더 크게 들리는 것 같다.
7. 그의 답이 맞는 것 같다.
8. 그는 어쩌다 송사(고별사)를 읽지 못했다.
9. 그녀는 때마침 여행 중이라 집에 없었다.
10. 우연하게도 아무도 건물 안에 없었다.

1-5. 주어가 2개 이상인 문장

주어1 + 접속사 + 주어2 + 동사 + 부사구

(S1 + Conjunction + S2 + Verb + Adverb Phrase)

한 문장에 2개 이상의 주어가 사용되는 경우, 이것들이 모여서 하나의 명사구(주부)를 이룬다.

	〈주어1 + 접속사 + 주어2〉	〈동사〉	〈부사구〉
예	1. Maria and David	meet	at weekends.
	2. Prof. Kim and his students	left	for Hawaii yesterday.
	3. Chris and his friends	arrived	earlier than other members.
	4. Michael and his sister	sang	together in the party.
	5. The baby and its mother	smile	each other.

1. 마리아와 데이빗은 주말에 만난다.
2. 김교수와 그의 학생들은 어제 하와이로 떠났다.
3. 크리스와 그의 친구들은 다른 회원들보다 일찍 도착했다.
4. 마이클과 그의 누이가 파티에서 함께 노래 불렀다.
5. 아가와 엄마가 서로에게 미소 짓는다.

	〈주어1, +주어2, +접속사 +주어3〉	〈동사〉	〈부사구〉
예	1. Dorothy, Mary, and Tom	live	in the same district.
	2. Jim, his wife, and their son	walked	hand in hand.
	3. Eva, her son, and her mother	came	to Seoul through Tokyo.
	4. Pall, Alex, and their classmates	fought	last night.
	5. Bill, his wife, and their children	converse	in Korean.

1. 도로시, 메리, 그리고 탐은 같은 구역에 산다.
2. 짐, 그의 아내, 그리고 그들의 아들이 손을 잡고 걸었다.
3. 에바, 그녀의 아들, 그리고 그녀의 어머니는 도쿄를 거쳐서 서울에 왔다.
4. 폴, 알렉스, 그리고 그들의 같은 반 친구들이 지난밤에 싸웠다.
5. 빌, 그의 아내, 그리고 그들의 자녀들은 한글로 대화를 한다.

1-6. 동사가 2개 이상인 문장

주어 + 동사1 + 접속사 + 동사2 + 부사구

(Subject + V1 + Conjunction + V2 + Adverb Phrase)

한 주어의 다양한 동작을 표현하기 위해서 2개 이상의 동사를 사용하는 경우, 이 동사들이 모여서 하나의 동사구(술부)를 이룬다.

	〈주어〉	〈동사1 + 접속사 + 동사2〉	〈부사구〉
예	1. The actress	sang and danced	in the concert.
	2. The author	writes and draws	in his own book.

3. Sarah	studies and teaches	in a Korean university.
4. Children	swim and fish	in the river.
5. Don't	eat and speak	at the same time.

1. 그 여배우가 연주회에서 노래하고 춤추었다.
2. 그 작가는 자기 책에 글도 쓰고 그림도 그린다.
3. 사라는 한국 대학에서 공부하고 가르친다.
4. 어린아이들이 강에서 헤엄치고 고기를 잡는다.
5. (음식을) 먹으면서 동시에 말하지 마시오.

	〈주어〉	〈동사1, 동사2, 접속사 +동사3〉	〈부사구〉
예	1. They	shout, hug, and cry	at the good news.
	2. The lovers	skated, fell, and lay	on the ice.
	3. He	read, wrote, and thought	all night.
	4. Venus	arose, shone, and disappeared	over the mountain.
	5. People	meet, embrace, and part	at the airport.

1. 그들이 그 좋은 소식을 듣자 외치고, 얼싸안고, 눈물을 흘린다.
2. 연인들이 얼음 위에서 스케이트를 타고, 넘어지고, (벌렁) 누웠다.
3. 그는 밤새도록 읽고, 쓰고, 생각했다.
4. 비너스(금성)가 산위로 떠올라, 비추고, 사라졌다.
5. 사람들은 공항에서 만나고, 포옹하고, 헤어진다.

연습문제 1

A. 아래의 빈칸에 알맞은 동사를 보기에서 골라 알맞은 형태로 써 넣으시오.

〈보기〉 sing, blow, swim, arrive, change,
speak, bloom, shout, shine, fall.

1. In this rain forest, birds ____________ beautifully all the time.
2. The sun ____________ brightly on the surface of the lake.
3. The boys ____________ for joy when they saw the present.
4. The strong wind ____________ everywhere.
5. Colorful and sweet flowers ____________ in the garden.
6. The moon ____________ every moment.
7. Children ____________ in the river all day long.
8. People from all over the world ____________ in their own tongues.
9. Snow ____________ heavily over the branches of these trees.
10. The train did not ____________ on time tonight.

B. 〈보기〉에 주어진 동사 및 부사구를 사용하여 아래 문장을 영어로 옮기시오.

〈보기〉 smiles, revolves, live, run, fall, fly, opens, play, has come, jog, closes, in (the) autumn, in the sky, at me, already, in the playground, at nine o'clock, in the country, like birds, around the sun, in the park, at sixty kilometers, with a ball, in the morning, these days, per hour, in the evening, at six, at her grandmother's house, before breakfast.

1. 운동장에서 어린이들이 공을 가지고 논다.

____

2. 벌써 여름이 왔다.

____

3. 자동차와 기차가 시속 60km로 달린다.

4. 그 예쁜 소녀는 시골 할머니 댁에서 산다.

5. 조그만 아기가 나를 보고 웃는다.

6. 지구는 태양 주위를 돈다.

7. 가을에는 낙엽이 진다.

8. 비행기는 새처럼 하늘을 난다.

9. 그 상점은 아침 9시에 열고 저녁 6시에 닫는다.

10. 요즈음은 많은 사람들이 아침 식사 전에 공원에서 조깅을 한다.

C. 괄호 안에 주어진 어구를 사용하여 아래의 우리말을 'There'로 시작하는 영어 문장으로 옮기시오.(문형: There + 동사 + 주어 + 부사구)

1. 내 국에 파리가 한 마리 빠졌다. **(a fly / in my soup)**

2. 책꽂이에 아무 책도 남아 있지 않다. **(any books / on the bookshelf)**

3. 담장 근처에 어떤 낯선 자들이 서 있다. **(some strangers / near the wall)**

4. 지난 밤 정원에는 아무도 없었다. **(nobody / last night)**

5. 그 문제에 관해서는 의심의 여지가 없다. **(no doubt / about the matter)**

6. 공원 한 가운데 큰 나무가 한 그루 서 있다. **(a tall tree / in the center)**

____

7. 박물관에는 오래된 황금 의자가 하나 있었다. **(an old golden chair)**

____

8. 어젯밤 이 도시에는 큰 화재가 있었다. **(a big fire / in this city)**

____

9. 너의 영어작문에는 문법적 오류가 거의 없다. **(few grammatical mistakes)**

____

10. 한라산 정상에는 거대한 분화구가 하나 있다. **(a huge crater / on the top)**

____

11. 누군가가 너를 만나려고 문간에 와 있다. **(someone / at the door)**

____

12. 이 돌산에서는 풀 한 포기, 나무 한 그루 자라지 않는다.
(no single grass or tree / rocky mountain)

____

13. 어제 강당에서 졸업식이 있었다. **(a graduation ceremony / auditorium)**

____

14. 이 고속도로에서는 자동차 사고가 자주 일어난다.
(frequent car accidents / expressway)

____

15. 이 마을 주위에는 아름다운 산과 강들이 많이 있다.
(many beautiful mountains and rivers / around this village)

____

D. 괄호 안에 주어진 어구를 활용하여 아래의 우리말을 'that 절'을 주어로 하는 영어 문장으로 옮기시오. (문형: It seems/appears/happens + that 절)

1. 그 영어회화수업이 벌써 끝난 것 같다. **(the English Conversation Class)**

2. 로스앤젤레스 발 120편 항공기가 밤늦게 도착할 성싶다.
(the Flight 120 from Los Angeles)

3. 그 부부는 서로 사이가 나쁜 것처럼 보였다. **(be hostile to each other)**

4. 그 반의 모든 학생들이 잠시 정신을 잃은 듯했다. **(be stunned for a moment)**

5. 그 당시 우리 아버지는 마침 사업차 런던에 있었다.
(on business at that time)

6. 그 나무는 호수 이편에서 더 크게 보이는 듯하다. **(on this side of the lake)**

7. 내 친구의 말이 다 틀리는 것 같다. **(all the words of my friend)**

8. 그는 어쩌다 종합시험에 낙방을 했다. **(in the comprehensive examination)**

9. 때마침 그의 가족은 프랑스를 여행 중이어서 집에 없었다.
(be away / on a tour in France)

10. 그 날 마침 그 빌딩 안에서는 수백 명의 사람들이 일하고 있었다.
(hundreds of people / inside of the building)

11. 우리 부모님은 평생 서로에게 헌신적인 것처럼 보였다.
(be devoted to each other / all one's life)

12. 그 버스를 탄 승객들이 모두 상처를 입은 듯했다.
(all the passengers in the bus)

13. 그녀는 갑작스러운 병으로 졸업식 고별사를 읽을 수 없었던 것 같다.
(valedictory / a sudden illness)

14. 우리가 방문했을 때 마침 그들은 외출 중이었다. (be out)

15. 내 생전에 여성 교황은 볼 수 없을 듯하다.
(any female Pope / in one's lifetime)

E. 괄호 안에 주어진 어구를 활용하여 아래의 우리말을 영어로 옮기시오.

1. 박 교수와 그의 연구팀은 아침 일찍 태국으로 떠났다.
(research team / leave for Thailand)

2. 고별파티에서 한국인들, 중국인들, 호주 원주민들 그리고 영국인들이 모두 함께 노래하며 춤췄다. (Australian aborigines / the farewell party)

3. 그 어머니와 아들은 언제나 연인처럼 손을 잡고 걷는다. (hand in hand)

4. 빌과 그의 가족은 해마다 여름이면 멕시코로 간다. (every summer)

5. 이 국제회의에서 사람들은 영어, 중국어 그리고 한국어로 의사소통을 한다.
(communicate / this International Conference)

6. 그 할아버지와 소년은 주말마다 호수에서 수영과 낚시를 한다.
(the pond / every weekend)

7. 영희와 남동생은 미국의 한 대학에서 3년 동안 일하며 공부했다.
   (an American university / for three years)

   ____

8. 그 나라에서는 사람들이 대체로 거리에서 먹거나 큰 소리로 말한다.
   (usually / on the street / in the country)

   ____

9. 어린 소년과 소녀들이 풀밭에서 걷고, 뛰고, 달리고, 소리를 지른다.
   (leap / run / on the grass)

   ____

10. 버스 터미널에서 수많은 낯선 사람들이 오고 가며 만나고 헤어진다.
    (a lot of strangers / in the bus terminal)

    ____

2. 2형식 문형

주어 + 불완전자동사 + 주격보어

(Subject + Intransitive Verb + Subject Complement)

2-1. 형용사를 주격보어로 하는 문장 2-2. 명사/대명사를 주격보어로 하는 문장 2-3. 동명사를 주격보어로 하는 문장 2-4. 'to-부정사'를 주격보어로 하는 문장 2-5. 'to-부정사'를 주어로 하는 문장 2-6. 'that-절'을 주어로 하는 문장

주어의 신분, 상태, 상황을 나타내는 2형식 문형에서는 주어와 동사만으로는 완전한 문장이 성립되지 않는다. 따라서 2형식에 사용되는 동사를 불완전자동사라고 하며, 주어의 상태나 상황 등을 보충해 주는 **주격보어**를 필요로 한다. 2형식문장에서는 주로 Be-동사와 become, seem 같은 연결동사 및 look, sound, feel, taste, smell 등의 지각동사가 사용된다. 일반동사가 '. . . 이/하게 되다'의 뜻을 나타내는 경우도 여기에 해당된다.

2-1. 형용사를 주격보어로 하는 문장

주어 + 동사 + 형용사 (Subject + Verb + Adjective)

	〈주어〉	〈동사〉	〈형용사〉
예 1.	He	seems	depressed.
2.	His wound	appears	fatal.
3.	Her English	sounds	strange.
4.	The little boy	looks	hungry and cold.
5.	The surface of the glass	feels	smooth.
6.	My elder brother	is	compassionate.
7.	These young students	are	really smart.
8.	This wooden bridge	was	famous.
9.	These tunnels	are	very long.
10.	The pagoda	is not	so high.

1. 그는 침울해 보인다.
2. 그의 상처가 치명적인 듯하다.
3. 그녀의 영어 발음은 이상하게 들린다.
4. 저 꼬마는 배고프고 추워 보인다.
5. 유리의 표면은 감촉이 매끄럽다.
6. 내 형은 동정심이 많다.
7. 이 어린 학생들은 정말 똑똑하다.
8. 이 목조 다리는 유명했었다.
9. 이 터널들은 매우 길다.
10. 이 탑은 그렇게 높지는 않다.

2-2. 명사/대명사를 주격보어로 하는 문장

주어 + 동사 + 명사/대명사 (Subject + Verb + Noun/Pronoun)

	〈주어〉	〈동사〉	〈명사/대명사〉
예 1.	The man	is	a discharged soldier.
2.	Sue and May	are	History teachers.
3.	Korea	is	a peninsula.
4.	They	were	his siblings.
5.	This picture	is	a worldly masterpiece.
6.	Ireland	is	an island.
7.	Tomorrow	is	the D-day.
8.	Tim's wife	was	a fighter pilot.
9.	His uncle	is	the Secretary General of UN.
10.	Marisa	was	the May Queen.

1. 그 남자는 제대 군인이다.
2. 수와 메이는 역사 교사들이다.
3. 한국은 반도이다.
4. 그들은 그의 형제자매들이다.
5. 이 그림은 세계적인 걸작품이다.
6. 아일랜드는 섬이다.
7. 내일이 D 데이(행동 개시 예정일)이다.
8. 팀의 아내는 전투기 조종사였다.
9. 그의 아저씨(삼촌)는 유엔 사무총장이다.
10. 마리사는 오월의 여왕이었다.

2-3. 동명사를 주격보어로 하는 문장

주어 + 동사 + 동명사 (Subject + Verb + Gerund)

	〈주어〉	〈동사〉	〈동명사〉
예 1.	Seeing	is	believing.
2.	Teaching	is	learning.
3.	Freedom	is not	living as you like.
4.	Trade	is	buying, selling, or exchanging goods.
5.	His job	is	building houses.
6.	Her hobby	is	travelling foreign countries.
7.	All we could do	was	walking around the city.
8.	Their great concern	was	doing it as completely as possible.
9.	Our original plan	was	going to Alaska.
10.	The best policy	is	preparing in advance.

1. 보는 것이 믿는 것이다(백문이 불여일견).
2. 가르치는 것이 배우는 것이다.
3. 자유란 네 멋대로 사는 것이 아니다.
4. 상업이란 상품을 사고, 팔고, 혹은 교환하는 것이다.
5. 그의 직업은 집을 짓는 것이다.
6. 그녀의 취미는 외국을 여행하는 것이다.
7. 우리가 할 수 있는 전부는 그 도시 주변을 산책하는 것이었다.
8. 그들의 최대 관심사는 가능한 한 그것을 완전하게 해내는 것이었다.
9. 우리의 당초 계획은 알라스카에 가는 것이었다.
10. 최상의 정책은 미리 미리 준비하는 것이다.

2-4. 'To-부정사'를 주격보어로 하는 문장

주어 + 동사 + to-부정사 (Subject + Verb + to-infinitive)

	〈주어〉	〈동사〉	〈to-부정사〉
예 1.	The lecture	seemed	to last forever.
2.	His only dream	was	to marry her.
3.	What he asked	was	to repeat the sentence after him.
4.	Your duty	is	to clean the room.
5.	My hope	was	to see you again as soon as possible.
6.	To live	is	to change continually.
7.	What you need	is	to acquire enough knowledge.
8.	His plan	was	to finish the report.
9.	What he did	was	to play with the children all day.
10.	Our main job	is	to develop a new model.

1. 그 강연은 영원히 지속되는 듯했다.
2. 그의 유일한 꿈은 그녀와 결혼하는 것이었다.
3. 그가 요구한 것은 그를 따라서 문장을 되풀이하는 것이었다.
4. 네 의무는 방을 청소하는 것이다.
5. 내 희망은 가능한 한 빨리 너를 다시 만나는 것이었다.
6. 산다는 것은 끊임없이 변화한다는 것이다.
7. 네게 필요한 것은 충분한 지식을 획득하는 것이다.
8. 그의 계획은 보고서를 끝내는 것이었다.
9. 그가 한 일은 온 종일 아이들과 노는 것이었다.
10. 우리의 주요 업무는 새 모델을 개발하는 것이다.

2-5. 'To-부정사'를 주어로 하는 문장

형식주어 + 동사 + 주격보어 + to-부정사

(It + Verb + Subject Complement + to-infinitive)

'To-부정사'를 주어로 하는 2형식 문장을 쓸 때는 형식주어(It)를 사용하는 것이 일반적이다. 예컨대, "영어를 공부하는 것이 재미있다."는 문장을 쓸 때, "To study English is interesting." 보다는 "It is interesting to study English."가 더 일반적인 용법이다. 'To-부정사'의 의미상의 주어를 나타낼 필요가 있을 때는 'for+명사/대명사'를 'to-부정사' 앞에 놓는다. 그러나 의미상의 주어가 'us'(우리)일 때는 생략하는 것이 보통이다.

	〈It〉	〈동사〉	〈주격보어〉	〈for+명사/대명사〉	〈to-부정사〉(주어)
예 1.	It	was	nice	(for us)	to see the famous place.
2.	It	was	hard	(for us)	to concentrate on studies.
3.	It	is	important	(for us)	to keep the promise.
4.	It	will be	fun	(for us)	to try an ethnic food.
5.	It	was	a mistake	(for us)	to miss the chance.
6.	It	was	useless	for him	to try again.
7.	It	is	not easy	(for us)	to forgive others.
8.	It	was	foolish	for them	to ignore their father's advice.
9.	It	is	dangerous	for a child	to stay alone at night.
10.	It	will be	easy	for you	to learn Spanish.

1. (우리가) 그 유명한 장소를 보는 것은 멋진 일이었다.
2. (우리는) 공부에 집중하기가 어려웠다.
3. (우리가) 약속을 지키는 것은 중요하다.
4. (우리가) 민족 고유의 음식을 먹어보는 일은 재미있을 것이다.
5. (우리가) 그 기회를 놓친 것은 실수였다.

6. 그가 다시 시도해 보았자 소용이 없었다.
7. (우리가) 남을 용서하기는 쉽지 않다.
8. 그들이 아버지의 충고를 무시한 것은 어리석은 짓이었다.
9. 어린 아이가 밤에 혼자 있는 것은 위험하다.
10. 네가 스페인어를 배우는 일은 쉬울 것이다.
(너라면 쉽게 스페인어를 배울 것이다)

Notice
그러나 햄릿의 유명한 독백인, "To be, or not to be: that is the question"(사느냐 죽느냐, 그것이 문제로다)처럼, 'to-부정사'를 일부러 문장 앞에 놓기도 한다.

2-6. 'That-절'을 주어로 하는 문장

형식주어 + 동사 + 주격보어 + that-절
(It + Verb + Subject Complement + that-clause)

'To-부정사'의 경우처럼, 'that'이 이끄는 명사절을 주어로 하는 2형식 문장을 쓸 때도 형식주어(It)를 사용하는 것이 일반적이다. 예컨대, "네가 그 큰 집에 혼자 머무는 것은 위험하다."는 문장을 쓸 때, "That you stay in the big house alone is dangerous." 보다는 "It is dangerous that you stay in the big house."라고 쓰는 것이 더 좋다.

	〈It〉〈동사〉	〈주격보어〉	〈that-절〉(주어)
예 1.	It seems	important	that you understand his words.
2.	It is	probable	that they would marry soon.
3.	It was	impossible	that my car drove through the busy street.
4.	It was	natural	that he should hit back.
5.	It is	incredible	that their team got the first prize.
6.	It is	strange	that they have not come yet.
7.	It is	understandable	that you missed the train.

8. It is suspicious that he won the presidential election.

9. It is pitiful that he always drinks too much.

10. It is regretful that students don't study as hard as before.

1. 네가 그의 말을 이해하는 것이 중요한 것 같다.
2. 그들은 아마도 곧 결혼을 할 것이다.
3. 내 차로 그 혼잡한 거리를 빠져나오는 것은 불가능했다.
4. 그가 반격한 것은 당연했다.
5. 그들의 팀이 1등상을 받다니 믿을 수가 없다.
6. 그들이 아직 오지 않다니 이상하다.
7. 네가 기차를 놓친 것은 이해할 만하다.
8. 그가 대통령 선거에서 이겼다니 수상쩍다.
9. 그는 언제나 과음을 하니 딱한 노릇이다.
10. 학생들이 이전처럼 열심히 공부하지 않으니 애석한 일이다.

연습문제 2

A. 아래의 빈칸에 가장 알맞은 동사를 보기에서 골라 써 넣으시오.

〈보기〉 appeared, grew, feel, looks, remained, married, taste, became, turns, smells.

1. These apples __________ good even though they look unripe.
2. The boy __________ lonely because he is the only child.
3. My mother and father __________ young in those days.
4. The sound of the music __________ louder as the band marched nearer to us.
5. Drink the milk before it __________ sour.
6. All of us __________ silent for about an hour.
7. As we went along the road, the mountains __________ close to us.
8. This plant, imported from Africa, __________ horrible.

9. Sue and Ji-young ____________ acquainted since their trip to Asia.

10. The petals of this red rose ____________ very delicate and smooth.

B. 아래의 빈칸에 주어진 우리말을 영어로 옮기시오.

1. His daughter ______________________________ at 22.
   (음악 교사가 되었다)
2. That picture _____________________________ of the painter.
   (최후의 걸작이다)
3. That young woman sitting on the chair __________________________.
   (우리 아버지의 환자였다)
4. Istanbul ___________________, in which the East and the West meet.
   (유일한 도시이다)
5. In this school, Korean, English, Mathematics, and Science __________ __________________.
   (필수 과목들이다)
6. About the half of the seniors in this Department _________________.
   (제대 군인들이었다)
7. These beautiful young girls _________________________ from Monaco.
   (발레리나들이다)
8. She graduated from an air-force academy and ___________________.
   (전투기 조종사가 되었다)
9. My brother ____________________ before he retired at the age of 65.
   (사회사업가였다)
10. All the men in this meeting _______________ of the high school.
   (동창생들이다)

C. 다음의 〈보기〉에서 알맞은 단어나 어구를 골라 아래의 문장을 완성하시오.

〈보기〉 sweet and fragrant, constructing, juicy and delicious, taking care of, thick and heavy, behaving, becoming, senseless and ridiculous, cheap and convenient, taking a walk.

1. Those books on the shelf are really ______________________.
2. Freedom is not ______________________ as you like.
3. This car in the front yard is very ______________________.
4. These roses in white and red colors smell ______________________.
5. All the tourists could do was ____________________ around the city.
6. His father's job was ______________________ houses and bridges.
7. The words of the boys playing soccer in the school ground sounded ______________________.
8. The tropical fruits such as papaya, banana, and pineapple are ______________________.
9. Her responsibility in the day-care center is _______________ the baby.
10. The young boy's dream was ____________________ a fireman.

D. 주어진 어구를 적절히 활용하여 아래 문장을 영어로 옮기시오.

1. 뉴질랜드는 자연경관으로 유명하다. **(be famous for / natural scenery)**

____

2. 그 당시 그녀의 가족과 우리는 가까운 이웃이었다.
(at that time / close neighbors)

____

3. 이 방은 겨우내 어둡고 추웠다. **(all winter long)**

____

4. 그 거리는 언제나 떠들썩하고 지저분했다. **(noisy / dirty)**

____

5. 그 음식은 냄새가 고약하다. **(bad)**

____

6. 한국과 아일랜드는 여러 면에서 유사하다. **(be similar / in many ways)**

____

7. 그녀는 오늘 아침에 훨씬 좋아 보였다. **(look / much better)**

____

8. 그는 어느 면으로나 왕답게 보였다. **(every inch 또는 in all ways)**

____

9. 중앙 도서관과 학생회관은 많은 학생들로 붐빈다.
(Central Library and Students' Hall / be crowded with)

____

10. 이 양모 코트는 가볍고, 부드럽고, 따스하다. **(this woolen coat)**

____

E. 1. 아래의 글을 읽은 후 모든 문장의 주어, 동사, 주격보어에 밑줄을 긋고 'S,' 'V,' 'SC'로 표시하시오.

My Mother

My mother is a career woman. She works in her office from Monday to Friday: from nine o'clock in the morning to six in the evening. She is a counsellor, so she usually talks to a lot of people. Some of them are young, and some are very old. Most of these people are total strangers to her. Sometimes she has to talk all day long. It is no wonder that she usually becomes very tired at the end of a day. But she is always considerate, compassionate, and dedicated to her work. She seldom complains or gets angry. In addition, she is very faithful to her family. She always smiles at us when she comes back home no matter how tired she may be. My mother is a wonderful lady. I am really proud of her.

2. 위의 글처럼, 1형식과 2형식 문장만을 사용하여 자기 자신, 가족, 친구, 은사, 고향, 자기가 속한 학교나 단체, 취미, 특기, 또는 그밖에 좋아하는 것들(음식, 음악, 책, 장소 등)에 대하여 써 보시오.

____

____

____

____

3. 3형식 문형

주어 + 타동사 + 목적어

(Subject + Transitive Verb + Object)

3-1. 명사/대명사를 목적어로 하는 문장 3-2. 동명사를 목적어로 하는 문장 3-3. 동족목적어를 사용하는 문장 3-4. 'to-부정사'를 목적어로 하는 문장 3-5. '의문사 + to-부정사'를 목적어로 하는 문장 3-6. 'That-절'을 목적어로 하는 문장

3형식 문장 역시 2형식 문장처럼 주어와 동사만으로는 완전한 문장이 성립되지 못한다. 여기서는 동사의 의미를 보완해 주는 목적어(. . . 을/를)가 필요하며, 이처럼 목적어를 수반하는 동사를 타동사라고 한다.

3-1. 명사/대명사를 목적어로 하는 문장

주어 + 동사 + 명사/대명사 + 부사구
(Subject + Verb + Noun/Pronoun + Adverb Phrase)

	〈주어〉	〈동사〉	〈명사/대명사〉	〈부사구〉
예 1.	Martha	has studied	Korean	for three years.
2.	Jane	opened	a store	near my house.
3.	He	has loved	her	all his life.
4.	The boys	recognized	them	by their voices.
5.	Youth	should have	dreams	for the future.
6.	Her father	operated	a coal mine	successfully.
7.	The author	revised	his autobiography	thoroughly.
8.	The girl	played	the violin	in an orchestra.
9.	She	changes	her furniture	too often.
10.	They	merged	the branch offices	into a single unit.

1. 마사는 3년 동안 한국어를 공부해 왔다.
2. 제인은 우리 집 근처에서 상점을 개업했다.
3. 그는 일평생 그녀를 사랑했다.
4. 그 소년들은 음성을 듣고 그들을 알아보았다.
5. 청년은 미래를 위한 꿈을 가져야 한다.
6. 그녀의 아버지는 탄광을 성공적으로 운영하셨다.
7. 그 작가는 그의 자서전을 철두철미하게 수정했다.
8. 그 소녀가 관현악단에서 바이올린을 연주했다.
9. 그녀는 가구를 너무 자주 바꾼다.
10. 그들은 지점들을 통합하여 하나로 만들었다.

3-2. 동명사를 목적어로 하는 문장

주어 + 동사 + 동명사 (Subject + Verb + Gerund)

	〈주어〉	〈동사〉	〈동명사〉	〈부사구〉
예 1.	They	like	swimming	in this gymnasium.
2.	She	enjoys	singing	at her leisure.
3.	Tom	practised	student teaching	last month.
4.	Susan	stopped	smoking	without a moment's hesitation.
5.	People	began	whispering	against their boss.
6.	Reporters	finished	filing their stories	in time.
7.	He	kept	running	until very late.
8.	She	considers	marrying again	despite her son's objection.
9.	The noise	interrupted	his meditating	frequently.
10.	They	continued	living that way	for several months.

1. 그들은 이 체육관에서 수영하기를 좋아한다.
2. 그녀는 여가에 노래하기를 즐긴다.
3. 탐은 지난달에 교생실습을 했다.
4. 수전은 한 순간의 망설임도 없이 담배를 끊었다.
5. 사람들은 소곤소곤 그들의 상관에 대해 험담을 하기 시작했다.
6. 기자들은 원고 송부를 일찌감치 마쳤다.
7. 그는 매우 늦게까지 달리기를 계속했다.
8. 그녀는 아들의 반대에도 불구하고 재혼을 고려한다.
9. 소음이 그의 사색을 빈번이 훼방했다.
10. 그들은 그런 생활을 여러 달 동안 계속했다.

3-3. 동족목적어를 사용하는 문장

주어 + 동사 + 동족목적어 (Subject + Verb + Cognate Object)

보통 3형식 문장에서는 주어, 동사, 목적어가 각각 독립적이고 대등한 위치를 갖는다. 그러나 동족목적어가 오는 경우, 동사와 동족목적어가 같거나 유사하여, 목적어는 동사의 뜻을 보충하는 데 지나지 않는다. 약간의 예외는 있지만, 동족목적어가 사용된 문장에서 동족목적어를 빼버리고 동족목적어를 수식하는 형용사를 부사로 바꿔도 문장의 뜻이 변하지 않는다.

예 1. We(S) laughed(V) a hearty laugh(O). **(3형식)**

2. We(S) laughed(V) heartily. **(1형식)**

위의 예문 **1**에서 동족목적어인 'laugh'를 없애고, 그것의 수식어인 'hearty'(형용사)를 'heartily'(부사)로 바꿔서 **2**처럼 다시 써도 문장의 뜻은 그대로다.

	〈주어〉	〈동사〉	〈동족목적어〉	〈부사구〉
예 1.	The woman	wept	tears of gratitude	for a long time.
2.	The boxer	lived	a happy life	with his family.
3.	I	dreamed	a terrible dream	recently.
4.	They	shouted	the loud shout	in the auditorium.
5.	The baby	slept	a sound sleep	in spite of the storm.
6.	He	died	a glorious death	on the remote island.
7.	She	danced	a belly dance	in the ball.
8.	His daughter	sang	a Chinese song	in his birthday party.
9.	The family	laughed	a happy laugh	in the family reunion.
10.	The solders	fought	a fierce battle	in the Korean War.

1. 그 여자는 오랫동안 감사의 눈물을 흘렸다.
2. 그 권투선수는 가족과 함께 행복한 삶을 살았다.
3. 나는 최근에 무서운 꿈을 하나 꾸었다.
4. 그들은 강당에서 큰 소리로 외쳤다.
5. 그 아가는 폭풍우에도 아랑곳 하지 않고 곤히 잠을 잤다.
6. 그는 머나먼 섬에서 영예로운 죽음을 맞이했다.
7. 그녀는 무도회에서 밸리 댄스를 추었다.
8. 그의 딸은 그의 생일 파티에서 중국 노래를 불렀다.
9. 그 가족은 다시 만나서 행복하게 웃었다.
10. 병사들은 한국동란에서 격전을 벌였다.

3-4. 'To-부정사'를 목적어로 하는 문장

주어 + 동사 + to-부정사 (Subject + Verb + to-infinitive)

	〈주어〉	〈동사〉	〈to-부정사〉	〈부사구〉
예 1.	Children	like	to play	outside.
2.	They	wanted	to go out	of this narrow room.
3.	It	began	to rain	heavily.
4.	The child	learned	to read	at the age of three.
5.	They	promised	to come	with their wives.
6.	We	try	to get up	as early as possible.
7.	He	pretended	to know her	in their first meeting.
8.	His son	decided	to buy a car	with his savings.
9.	Koreans	love	to sing	in general.
10.	I	hate	to do it	in any case.

1. 어린이들은 밖에 나가 놀기를 좋아한다.
2. 그들은 이 좁은 방에서 나가기 원했다.

3. 비가 많이 내리기 시작했다.
4. 그 아이는 세 살에 읽기를 배웠다.
5. 그들은 부인들을 동반하고 오기로 약속했다.
6. 우리는 가급적 일찍 일어나려고 애쓴다.
7. 그는 처음 만나는 자리에서 그녀를 아는 척 했다.
8. 그의 아들은 자기가 저축한 돈으로 자동차를 사기로 결정했다.
9. 한국 사람들은 대체로 노래 부르기를 좋아한다.
10. 나는 어떤 경우에도 그것은 하고 싶지 않다.

Notice
'forget'과 'remember' 같은 동사의 경우 목적어에 **동명사**가 올 때와 **'to-부정사'**가 올 때, 그 의미가 달라지는 것에 유의해야 한다.

예 **1.** I can never forget **hearing** my niece play Beethoven.
I still remember
나는 조카의 베토벤 연주를 **들은 것**을 결코 잊을 수 없다.
(과거 사실) 아직도 기억한다.

2. Please don't forget **to send** these books to him.
Please remember
이 책들을 그에게 **보낼 것(보내야 할 것)**을 잊지 마세요.
(미래에 할 일) 유념하세요.

위의 예문에서 알 수 있듯, 'forget'이나 'remember' 다음에 **동명사**가 오는 경우는 **과거**의 어떤 사실을 '잊는다'거나 '기억한다'는 의미로, **'to-부정사'**가 오는 경우는 **미래**의 일을 '유념하다,' '마음에 새겨두다'는 의미를 갖는다.

3-5. '의문사 + to-부정사'를 목적어로 하는 문장

주어 + 동사 + 의문사 + to-부정사
(Subject + Verb + Interrogative + to-infinitive)

	〈주어〉	〈동사〉	〈의문사 + to-부정사〉
예 1.	She	learned	how to play the piano.
2.	They	didn't tell	what to do next.
3.	You	should ask	how to get to the airport.
4.	He	decided	which subject to take.
5.	Laura	couldn't decide	whether to meet him or not.
6.	The driver	knew	which way to go.
7.	The tour guide	advised	where to buy gifts in Paris.
8.	The man	explained	how to choose fresh fish.
9.	The strangers	didn't know	where to transfer to the steamer.
10.	Teachers	taught	what and how to answer the question.

1. 그녀는 피아노 치는 법을 배웠다.
2. 그들은 다음에 무엇을 할지 말해주지 않았다.
3. 너는 공항에 가는 길을 물어보아야 한다.
4. 그는 어느 과목을 택할 지 결정했다.
5. 로라는 그를 만날지 말지 결정할 수 없었다.
6. 그 운전자는 어느 길로 갈지 알고 있었다.
7. 그 여행 가이드가 파리에서 선물을 사기에 좋은 곳을 일러주었다.
8. 그 남자가 신선한 생선 고르는 법을 설명했다.
9. 그 낯선 사람들은 어디서 기선으로 갈아타는지 몰랐다.
10. 교사들은 그 질문에 무엇을 어떻게 답해야 할지 가르쳐 주었다.

3-6. 'That-절'을 목적어로 하는 문장

주어 + 동사 + that-절 (Subject + Verb + 'that-clause')

	〈주어〉	〈동사〉	〈that-절〉
예 1.	They	informed	that she got a scholarship.

2.	She	warned	that the road was slippery.
3.	The man	ordered	that no expense should be spared.
4.	The girl	admitted	that she was wrong.
5.	Did you	notice	that the door was locked?
6.	Van Ann	declared	that his allegation was a lie.
7.	Let us	imagine	that we have twelve children.
8.	She	proved	that she was innocent.
9.	We	understand	that you will repay this loan soon.
10.	I	believe	that he will be an asset to your company.

1. 그들은 그녀가 장학금을 받았다는 것을 알려주었다.
2. 그녀는 길이 미끄럽다고 경고했다.
3. 그 남자는 비용을 아끼지 말라고 명령했다.
4. 그 소녀는 자기의 잘못을 인정했다.
5. 문이 잠긴 것을 아셨습니까?
6. 밴 앤은 그의 주장이 허위였다고 단언했다.
7. 아이가 열두 명 있다고 가정해 보자.
8. 그녀는 자기가 결백하다는 것을 증명했다.
9. 이 대부금을 곧 갚아주실 것으로 알고 있습니다.
10. 그가 당신 회사에 도움이 될 것으로 믿습니다.

Notice 그밖에 목적절을 수반하는 동사들

[예] acknowledge, argue, command, decide, demand, deny, desire, expect, explain, feel, hear, intend, mean, mind, perceive, promise, realize, recommend, regret, require, resolve, show, suggest, think, wish 등.

Notice

목적절을 이끄는 접속사 that은 문맥에 애매성을 초래하지 않을 경우 생략해도 무방하다.

연습문제 3

A. 아래의 빈칸에 알맞은 동사를 〈보기〉에서 골라 알맞은 형태로 써 넣으시오.

〈보기〉 consider, stop, keep, intend, prefer, begin, finish, practise, stand, mind.

1. Please don't ______________ talking to your baby sister.
2. Would you ______________ waiting for a couple of hours?
3. Oh, I can't ______________ driving in the rush-hour in this city.
4. In this fine weather, we ______________ walking to driving.
5. Have you ______________ doing your home assignment?
6. Tom ______________ swimming in the sea every day.
7. Day after day she ______________ seriously moving into a new city.
8. Last night, the dogs ______________ barking all night in the farm.
9. People ______________ eating before the host of the party came.
10. She ______________ becoming a librarian.

B. 동족목적어를 사용하여 밑줄 친 부분을 영어로 옮기시오.

1. The explorer ____________________________ in a secluded island.
   (영웅적인 죽음을 맞이했다)
2. His family ____________________________ to him before he left home.
   (행운을 빌었다)
3. Charles ____________________________ every night.
   (무서운 꿈을 꾼다)
4. His sister ____________________________ to celebrate his birthday.
   (아름다운 노래를 불렀다)
5. They ____________________________ when they saw a huge sea-monster.
   (큰 소리로 외쳤다)
6. The soldiers ____________________________ in the field.
   (용감한 전투를 했다)

7. The villagers ______________________________.

(전통 민속춤들을 추었다)

8. The foreigner ______________________________ in Korea.

(행복한 삶을 살았다)

9. The passengers of the ship ______________________ in such a riot.

(곤히 잠을 잤다)

10. The orphans ______________________ when they got birthday gifts.

(행복하게 웃었다)

C. 'To-부정사'를 동사의 목적어로 사용하여 밑줄 친 부분의 우리말을 영어로 옮기시오.

1. As soon as they met at the airport, they ______________________.

(기뻐서 울기 시작했다)

2. Aubrey! ____.

(이 소포를 오늘 부치는 것을 잊지 말아라)

3. Nowadays even young children ______________________________.

(외국어 말하기와 읽기를 배운다)

4. His son ______________________________ in the symphonic orchestra.

(첼로 연주하기를 좋아한다)

5. All the employees ________________________ as long as they could.

(이 회사에서 일하기 원한다)

6. The committee ________________________________ of the matter.

(진실을 밝히기를 거부했다)

7. This urgent situation ______________________________________.

(우리에게 즉각적인 행동을 취할 것을 요구한다)

8. The President of Korea ____________________________________.

(그의 계획을 실행하겠다는 의사를 밝혔다)

9. Her husband ____________________________________ at the same time.

(명성과 돈을 얻고자 갈망한다)

10. The couple ______________________ when we entered the room.
(우리를 보지 못한 체 했다)

D. 〈보기〉에서 알맞은 단어를 골라 아래의 우리말과 같은 뜻이 되도록 형태를 바꿔 써 넣으시오.

> 〈보기〉 marry, sing, decide, invite, play, know, go, melt, refuse, make, enjoy, travel, kill, accept, be, think.

1. 그는 기차로 여행하기를 즐긴다.
   He ____________ ______________ by train.
2. 강한 햇볕이 순식간에 눈을 녹였다.
   The strong sun ______________ the snow in a moment.
3. 오이디푸스는 아버지를 죽이고 어머니와 결혼했다.
   Oedipus ____________ his father and ______________ his mother.
4. 마침내 그들은 우리의 초청을 받아들였다.
   Finally they ______________ our ______________
5. 그의 간청에도 불구하고, 그녀는 그의 제안을 거절했다.
   In spite of his earnest request, she ______________ his offer.
6. 경찰은 그들이 테러리스트라고 생각했다.
   The police ______________ that they ______________ terrorists.
7. 그녀는 터키 친구에게 김치 담그는 법을 가르쳤다.
   She taught her Turkish friend ______________ Kimchi.
8. 짐과 그의 부인은 매일 저녁 정구를 친다.
   Jim and his wife ______________ tennis every evening.
9. 너무 당황한 나머지 그는 다음에 무슨 노래를 불러야 할지 몰랐다.
   So embarrassed, he ______________ what ______________ next.
10. 운전하기 전에 어느 길로 가야할 지 먼저 결정해야 한다.
    You should ____________ which way ____________ before you drive.

E. 아래의 각 문장의 괄호 안에 주어진 단어와 어구들을 활용하여 우리말을 영어로 옮기시오.

1. 나는 축구팀이 일주일 전에 도착했다는 것을 알고 있다.
   (know / the soccer team / arrive)

2. 그는 무일푼이라고 고백했다. **(confess / penniless)**

3. 그는 그 영화제에서 그랑프리를 받은 것이 믿기지 않았다.
   (could hardly believe / the grand prix / in the film festival)

4. 그들은 그 전투에서 신이 자신들을 지켜주시리라는 것을 굳게 믿었다.
   (firmly believe / protect / in the battle)

5. 우리는 네가 성공하기를 바란다. **(hope / be successful)**

6. 그는 국제 무역 박람회 때문에 매우 바쁘다고 말했다.
   (say / busy / because of / an international trade exhibition)

7. 우리는 그녀의 집이 비었음을 알아차렸다. **(realize / be empty)**

8. 그녀는 그 백화점에서 그 옷을 훔쳤음을 시인했다.
   (admit / steal the clothes / in the department store)

9. 새 정부는 그 계획을 실행할 것을 선포했다.
   (the new government / declare / carry out)

10. 그는 부인이 다시 집으로 돌아오리라는 것을 의심하지 않는다.
    (doubt / come back home)

F. '의문사 + to-부정사'를 목적어로 하여 아래의 우리말을 영어로 옮기시오.

1. 노인들은 매주 토요일마다 탁구 치는 법을 배웠다.

____

2. 그는 교차로에서 어느 길로 갈지 쉽사리 선택할 수 없었다.

____

3. 내 친구가 동경에서 고서들을 사기에 좋은 장소를 나에게 말해 주었다.

____

4. 우리는 다음에 무엇을 연주할지 알지 못했다.

____

5. 이 포장용 압착기를 언제 멈춰야 하는지 가르쳐 주시겠습니까?

____

6. 우리 어머니께서는 잘 익은 수박 고르는 법을 일러 주시곤 했다.

____

7. 시험을 칠 때는 답지에 무엇을 어떻게 쓸 것인지 곰곰이 생각해야 한다.

____

8. 그 초보 운전자는 좁은 골목에서 주차하는 법을 몰라서 진땀이 났다.

____

9. 우리는 어디서 기차표를 사야 하는지 몰라서 한참동안 헤맸다.

____

10. 그 외국인들은 한복을 어떻게 입는지 알아낼 수 없었다.

____

G. 아래의 빈 칸에 가장 알맞은 단어를 〈보기〉에서 골라 알맞은 형태로 써 넣으시오.

〈보기〉 begin, propose, neglect, visit, confess, admit, like, happen, pass, go steady, realize, object, have, meet, fall in love, come true, stay, think, strike, encounter.

Last summer when Ann (1) __________ France for a vacation, she (2) ____, in a hotel restaurant, her former professor, David Stevens. It (3)

_________ that they were staying in the same hotel. One day, they (4) ________ all night in the hotel lounge, enjoying talking and drinking beer. Now she (5) _________ that the professor also had (6)_________ of her very attractive. He simply (7)_________ no courage to (8)_________ it. Smiling, now she could (9)_____________ how passionately she had (10)__________ ____________ with him. She had almost (11)________ her studies and barely (12)__________ the comprehensive exam for graduation!

After the trip, they (13)__________ to (14)__________. They had lots of hobbies in common. Especially, they both (15)_____________ mountain climbing. One day, an idea (16)_________ him and he (17)_________ to her on the top of a mountain. It was the moment that her long-suffering love of him finally (18)___________. But this time she (19)__________with another obstacle. Her parents strongly (20)________ their marriage.

4. 4형식 문형

주어 + 타동사 + 간접목적어 + 직접목적어

(Subject + Transitive Verb + Indirect Object + Direct Object)

4-1. 간접목적어가 선행되는 문장 4-2. 직접목적어가 선행되는 문장 4-3. 'that-절'을 직접목적어로 하는 문장

목적어를 2개 수반하는 4형식 문장에서는 **'수여동사'**를 사용하여 **' . . . 에게' ' . . . 을/를 (해)주다, 보이다, 가르치다'** 등의 의미를 나타낸다. 우리말에서는 간접목적어와 직접목적어가 모두 주어와 동사 사이에 오지만, 영어에서는 주어와 동사가 가장 가까이 놓인다는 점을 잊지 말아야 한다.

4-1. 간접목적어가 선행되는 문장

주어 + 동사 + 명사/대명사(간목) + 명사/대명사(직목)

Subject + Verb + Noun/Pronoun (IO) + Noun/Pronoun (DO)

	〈주어〉	〈동사〉	〈간접목적어〉	〈직접목적어〉
예 1.	He	left	his wife	a handsome legacy.
2.	She	gave	her children	books.
3.	Stephane	bought	her husband	a gift.
4.	They	taught	the boys	Spanish.
5.	Prof. Park	cooked	his students	a delicious meal.
6.	Please	deliver	your lawyer	this document.
7.	Diane	showed	me	her rare collection.
8.	Patrick	passed	her	the mustard.
9.	The school	allowed	the students	a day for rest.
10.	They	promised	him	a higher position.

1. 그는 아내에게 상당한 유산을 남겼다.
2. 그녀는 자녀들에게 책들을 주었다.
3. 스테파니가 남편에게 선물을 하나 사주었다.
4. 그들은 그 소년들에게 스페인어를 가르쳐 주었다.
5. 박 교수는 그의 학생들에게 맛있는 요리를 해 주었다.
6. 당신의 변호사에게 이 서류를 전해 주십시오.
7. 다이앤은 나에게 자기의 진귀한 소장품을 보여주었다.
8. 패트릭은 그녀에게 겨자를 건네주었다.
9. 그 학교는 학생들에게 하루 쉬게 했다.
10. 그들은 그에게 더 높은 지위를 약속했다.

4-2. 직접목적어가 선행되는 문장

주어 + 동사 + 명사/대명사(직목) + 전치사 + 명사/대명사(간목)

S + V + Noun/Pronoun (DO) + Preposition + Noun/Pronoun (IO)

위의 4-1의 예문에서 알 수 있듯, 4형식 문장에서는 보통 간접목적어(사람)가 직접목적어(물건)보다 먼저 온다. 대체로 간접목적어가 짧기 때문이다. 그러나 간접목적어를 강조한다거나, 또는 간접목적어에 수식어구가 붙어서 길어질 경우, 직접목적어가 먼저 온다. 이 때 간접목적어 앞에는 전치사 ('to' 또는 'for')가 붙는다. 이렇게 두 목적어의 순서가 바뀌어도 문장의 뜻은 변하지 않으나, 문형이 3형식으로 바뀌게 된다.

예 1. She gave us the gift. **(4형식)**
IO DO

She gave the gift **to** every child in the room. **(3형식)**
DO to + IO = 부사구

2. He bought her a new dress. **(4형식)**
IO DO

He bought a new dress **for** his new girlfriend. **(3형식)**
DO for + IO = 부사구

(1) 간접목적어 앞에 "to"를 사용하는 경우

	〈주어〉	〈동사〉	〈직접목적어〉	〈to〉 〈간접목적어〉
예 1.	He	sold	his old car	to one of his friends.
2.	We	offered	the job	to everybody in that place.
3.	They	showed	the letter	to the people in the room.
4.	She	will lend	her books	to anyone in her class.
5.	They	send	money	to their families at home.
6.	They	submitted	a new plan	to the committee.
7.	He	delivered	the pickpocket	to the police.

8.	We	will present	an alternative plan	to Congress.
9.	I	wrote	a letter	to my friend in Turkey.
10.	They	brought	honor and wealth	to their fatherland.

1. 그는 그의 낡은 자동차를 친구에게 팔았다.
2. 우리는 그 장소의 모든 사람들에게 그 직업을 제의했다.
3. 그들은 그 방에 있는 사람들에게 그 편지를 보여주었다.
4. 그녀는 자기 학급의 누구에게나 책을 빌려줄 것이다.
5. 그들은 고향의 가족들에게 돈을 보낸다.
6. 그들은 위원회에 새 계획을 제출했다.
7. 그는 소매치기를 경찰에 넘겼다.
8. 우리는 의회에 대안을 하나 제출할 것이다.
9. 나는 터키에 있는 친구에게 편지를 썼다.
10. 그들은(그들의) 조국에 명예와 부를 가져다주었다.

Notice 그 밖에 "to"를 수반하는 동사
[예] allow, award, cause, deal, deny, do, fetch, grant, owe, pass, proffer, promise, read, recommend, refuse, render, restore, teach, tell 등

(2) 간접목적어 앞에 "for"를 사용하는 경우

	〈주어〉	〈동사〉	〈명사/대명사〉	〈for〉	〈명사/대명사〉
예 1.	They	made	sandwiches	for	all of us last night.
2.	He	left	enough water	for	his younger sister.
3.	She	prepares	a dinner	for	her husband and child.
4.	Mia	played	a Chopin	for	the people in the party.
5.	His son	saves	money	for	his own future.
6.	Paul	found	a new job	for	his girlfriend.

7. We selected a teddy bear for Nancy's baby.
8. Please open the door for the man in wheelchair.
9. He prescribed rest for his patient.
10. She cooked potatoes for the young children.

1. 그들은 어젯밤 우리 모두에게 샌드위치를 만들어 주었다.
2. 그는 여동생에게 충분한 물을 남겨 두었다.
3. 그녀는 남편과 아이를 위해 식사를 준비한다.
4. 미아는 그 파티에 참석한 사람들을 위해 쇼팽을 연주했다.
5. 그의 아들은 그 자신의 미래를 위해서 저금한다.
6. 폴이 그의 연인에게 새 직장을 구해 주었다.
7. 우리는 낸시의 아기를 위해 곰 인형을 하나 골랐다.
8. 휠체어에 앉은 저 분에게 문을 열어주십시오.
9. 그는 환자에게 안정을 취할 것을 권유했다.
10. 그녀는 어린 아이들에게 감자 요리를 해주었다.

Notice 그 밖에 "for"를 수반하는 동사
[예] build, call, cash, choose, do, fetch, gather, get, grow, order, paint, reach, spare 등

4-3. 'that-절'을 직접목적어로 하는 문장

주어 + 동사 + 명사/대명사 + that-절
(Subject + Verb + Noun/Pronoun + that-clause)

	〈주어〉	〈동사〉	〈명사/대명사〉	〈that-절〉
예 1.	They	informed	us	that the speaker has arrived.
2.	She	convinced	them	that she was innocent.
3.	His mother	promised	him	that she would visit him often.
4.	We	told	them	that all the doors were locked.

5. The clock	reminded	me	that I was late.
6. He	persuaded	her	that she should not leave him.
7. Prof. Kim	assured	us	that the project would turn out well.
8. Robert	warned	Alice	that the roads were very slippery.
9. He	ordered	the squad	that the attack should begin at 7.
10. We	satisfied	them	that those children were honest.

1. 그들은 연사가 도착했음을 우리에게 알려주었다.
2. 그녀는 자신이 결백하다는 것을 그들에게 납득시켰다.
3. 그의 어머니는 그를 보러 자주 오겠다고 그에게 약속했다.
4. 우리는 문들이 모두 잠겼다고 그들에게 말했다.
5. 시계를 보고 내가 늦은 것을 알았다.
6. 그는 그녀에게 자신을 떠나지 말아 달라고 설득했다.
7. 김교수는 그 프로젝트가 잘 될 것이라고 우리에게 장담했다.
8. 로버트는 앨리스에게 길이 매우 미끄럽다고 주의를 주었다.
9. 그는 그 분대에게 7시에 공격을 개시할 것을 명령했다.
10. 우리는 그 아이들이 정직하다는 것을 그들에게 납득시켰다.

연습문제 4

A. 4형식 문형을 사용하여 밑줄 친 부분의 우리말을 영어로 옮기시오.

1. They ______________________________ they borrowed.
   (여행 가방을 그에게 돌려주었다)
2. The waiter ______________________________ in that restaurant.
   (나에게 소금을 건네주었다)
3. The woman ______________________________ she wrote.
   (맹인에게 소설책을 읽어주었다)
4. He ______________________________ from China.
   (그의 연인에게 생일선물을 보냈다)

5. I ______________________ always.

(당신에게 많은 신세를 지고 있습니다)

6. The teacher ______________________ when my mother was sick.

(나에게 많은 돈을 빌려주셨다)

7. He ______________________ except their mother tongue.

(자기 자녀들에게 두 가지 외국어를 가르쳤다)

8. She ______________________ when they visited her.

(그녀의 조카들에게 맛있는 요리를 해주었다)

9. The company ______________________, but they didn't keep it.

(나에게 월급을 약속했다)

10. Please ______________________ until tomorrow.

(당신의 장인에게 이 편지를 전해 주십시오)

B. 괄호 안에 주어진 어(구)를 활용하여 아래의 우리말을 영어로 옮기시오.

1. 그는 자기의 새 자동차를 친구들에게 자랑했다. **(show off / his new car)**

____

2. 그 책자는 집 문제를 갖고 있는 사람들에게 실제적인 충고를 제공한다.
(the booklet / offer / practical / housing problems)

____

3. 그 노동자들은 매월 고향의 가족들에게 많은 돈을 보낸다.
(send / much money / families at home)

____

4. 그 자원 봉사자들은 그 아이들에게 예쁜 새 집을 하나 지어 주었다.
(the volunteer workers / build / a house)

____

5. 그 독일 관현악단은 한국 청중을 위해서 한국 민요들을 여러 곡 연주했다.
(the German Orchestra / play / Korean folk songs)

____

6. 그녀는 3 개월 후에는 집에 돌아올 것이라고 남편에게 약속했다.
(promise / come home / after three months)

____

7. 그 남자는 자신이 결백하다는 것을 경찰관에게 납득시킬 수 없었다.
(convince / innocent)

___

8. 우리는 그 경연대회에 참가할 수 없음을 그들에게 통보할 것이다.
(inform / participate in the contest)

___

9. 그들은 그 낡은 제도를 개혁할 수 있다는 것을 우리에게 보여주었다.
(show / reform the old system)

___

10. 유감스럽게도, 그는 나의 초청을 받아들일 수 없다고 내게 말했다.
(to my regret / tell / accept my invitation)

___

C. 아래의 예문과 같이 3형식과 4형식 문형을 사용하여 작문을 하시오.

Young-hee's First Christmas in the U. S. A.

Young-hee Lee studies English literature in a university in the U. S. A. Last Christmas, her advisor invited her and other Korean students to a Christmas party at his house. She had many things to do and an assignment to finish until the end of the Christmas holidays, so she thought that she could not accept it. But after a moment, she changed her mind because she wanted to have a new cultural experience in the U. S. A.

In the party, she met many foreign students from twenty different countries. Some of them wore their traditional costumes, and some brought their ethnic food. And everyone brought gifts for others.

To her surprise, her advisor gave every student a new English-English dictionary. A German lady gave her a cute pottery she had brought from home. Her Chinese classmate gave a picture frame to her with his signature on it. A student from Panama gave her a doll in a colorful dress of red and blue. She also gave all of them little souvenirs from Korea.

All the people there enjoyed the party, eating, talking, singing, and dancing until very late at night. She met most of them for the first time, but all could share their concerns and joys without much difficulties in such an open and friendly atmosphere. Especially, she had a good time with her American friends, Polly and Elizabeth.

On her way back home, she felt, deep in her heart, the joy of meeting foreigners. And now she recognized, more clearly than ever, the power of English, the vehicle of communication in this global world.

5. 5형식 문형

주어 + 동사 + 목적어 + 목적격보어

(Subject + Verb + Object + Object Complement)

5-1. 목적격보어가 명사인 문장
5-2. 목적격보어가 형용사인 문장
5-3. 목적격보어가 현재분사인 문장
5-4. 목적어보어가 과거분사인 문장
5-5. 목적어보어가 'to-부정사구'인 문장
5-6. 형식목적어(It)를 사용하는 문장

5형식 문장은 주어, 동사, 목적어만으로 문장이 끝나는 것이 아니라, 목적어의 상태를 보충해 주는 목적격보어가 뒤따른다.

예 We elected Marian the president of the college.
S V O OC
우리는 메리언을 그 대학의 총장으로 선출했다.

이 문장을 다음과 같은 두 문장으로 다시 써 보자.

1. We elected **Marian.**
S V O

2. **Marian** became **the president of the college.**
S V SC

여기서 **1의 목적어와 2의 주어가 동일 인물(Marian)이다**. 따라서 두 문장을 합치면, 2의 주어와 주격보어는 각각 1의 목적어와 목적격보어가 된다. 그리고 목적어와 목적격보어 사이에는 **등식관계(Marian = the president)**가 성립한다.

5-1. 목적격보어가 명사인 문장

주어 + 동사 + 목적어 + 명사
(Subject + Verb + Object + Noun)

	〈주어〉	〈동사〉	〈목적어〉	〈명사〉
예 1.	His father	made	him	a pianist.
2.	We	call	Hamlet	a hero.
3.	They	named	their baby	Andrew.
4.	The committee	appointed	him	a new coach.
5.	He	considers	himself	a genius.
6.	They	voted	her	their new president.
7.	Invaders	left	the village	a scene of desolation.
8.	Her son	made	acting	his career.
9.	They	declared	a young man	their leader.
10.	Napoleon	crowned	himself	an emperor.

1. 그의 아버지는 그를 피아니스트로 만들었다.
2. 우리는 햄릿을 영웅이라 부른다.
3. 그들은(그들의) 아기 이름을 앤드류라고 지었다.
4. 그 위원회는 그를 새 코치로 임명했다.
5. 그는 자신을 천재라 여긴다.
6. 그들은 그녀를 새 회장으로 뽑았다.
7. 침략자들은 그 마을을 황폐하게 내버려 두었다.
8. 그녀의 아들은 배우를 직업으로 삼았다.
9. 그들은 한 젊은이를 그들의 지도자로 선포했다.
10. 나폴레옹은 스스로에게 왕관을 씌웠다.

5-2. 목적격보어가 형용사인 문장

주어 + 동사 + 목적어 + 형용사

(Subject + Verb + Object + Adjective)

	〈주어〉	〈동사〉	〈목적어〉	〈형용사〉
예 1.	We	found	the land	fertile.
2.	Clean air	makes	people	healthy and happy.
3.	They	painted	the kitchen	green and yellow.
4.	The President	set	the prisoners	free.
5.	I	like	my coffee	strong.
6.	The noise	drives	me	nearly mad.
7.	Dickens	held	his audience	spellbound.
8.	The news	struck	all of us	dumb with surprise.
9.	They	dyed	their hair	red and blue.
10.	The poor boy	licked	the dessert plate	clean.

1. 우리는 그 땅이 기름지다는 것을 발견했다.
2. 깨끗한 공기는 사람들을 건강하고 행복하게 한다.
3. 그들은 부엌을 파랗고 노랗게 칠했다.
4. 대통령은 그 죄수들을 자유롭게 풀어주었다.
5. 나는 커피가 진한 것을 좋아한다.
6. 저 소리 때문에 거의 돌아버릴 것 같다.
7. 디킨스는 그의 청중이 넋을 잃게 만들었다.
8. 그 소식에 너무 놀라서 우리 모두는 할 말을 잃었다.
9. 그들은 머리를 빨갛고 파랗게 염색했다.
10. 그 불쌍한 소년은 후식 접시를 싹싹 핥았다.

5-3. 목적격보어가 현재분사인 문장

주어 + 동사 + 목적어 + 현재분사

(Subject +Verb + Object + Present Participle)

현재분사가 목적격보어가 되는 경우, 그 현재분사는 형용사적 용법을 가지며, 목적어의 능동적인 상태를 묘사한다.

	〈주어〉	〈동사〉	〈목적어〉	〈현재분사(구)〉
예 1.	They	let	us	staying in their residence.
2.	Don't	keep	him	waiting too long.
3.	Please	leave	me	thinking alone for a while.
4.	They	made	her	laughing.
5.	He	discovered	the book	interesting.
6.	She	couldn't bear	them	making fun of her husband.
7.	I	understand	you	leaving so early.
8.	We	remember	him	talking about his father.
9.	The boy	witnessed	the thief	running away.
10.	The news	sent	her	hurrying to New York.

1. 그들은 우리가 그들의 숙소에서 머물도록 했다.
2. 그를 너무 오래 기다리게 하지 마세요.
3. 제가 잠시 혼자 생각하게 내버려 두세요.
4. 그들은 그녀를 웃게 만들었다.
5. 그는 그 책이 흥미진진하다는 것을 알게 되었다.
6. 그녀는 그들이 자기 남편을 놀리는 것을 견딜 수가 없었다.
7. 나는 네가 그렇게 일찍 떠나는 것을 이해한다.
8. 우리는 그가 자기 아버지에 대하여 말한 것을 기억한다.
9. 그 소년은 도둑이 도망치는 것을 목격했다.
10. 그 소식은 그녀를 서둘러 뉴욕으로 가게 했다.

5-4. 목적어보어가 과거분사인 문장

주어 + 동사 + 목적어 + 과거분사
(Subject +Verb + Object + Past Participle)

과거분사가 목적격보어가 되는 경우, 그 과거분사도 현재분사처럼 형용사적 용법을 가지나, 현재분사와 달리 목적어의 수동적인 상태를 묘사한다. 우리말 해석의 경우 수동태를 직역하면 어색한 문장이 되기 쉬우므로, 자연스러운 해석을 위해 의역을 하기도 한다.

	〈주어〉	〈동사〉	〈목적어〉	〈과거분사(구)〉
예 1.	The bomb	made	all the windows	broken.
2.	He	wanted	his work	finished by tomorrow.
3.	The cold weather	made	the mountains	covered with snow.
4.	They	had	all their houses	painted.
5.	We must	make	ourselves	respected by others.
6.	They	had	the street	named after the leader.
7.	You should	make	your ideas	understood by others.
8.	We must	have	the schedule	changed soon.
9.	Did you	have	your hair	cut already?
10.	The mayor	has	all the inhabitants	evacuated.

1. 그 폭탄이 모든 창문들을 부서지게 했다.
2. 그는 자신의 일이 내일까지 끝나기 원했다.
3. 추운 날씨가 그 산들을 눈으로 뒤덮이게 했다.
4. 그들은 자기 집들을 모두 칠하게 시켰다.
5. 우리는 자신들이 남에게 존경받도록 해야 한다.
6. 그들은 그 지도자의 이름을 따서 거리의 이름을 짓도록 했다.
7. 너는 네 생각을 남에게 이해시키도록 해야 한다.
8. 우리는 곧 스케줄이 바뀌도록 해야 한다.
9. 너는 벌써 이발을 했느냐?
10. 그 시장은 모든 거주민들을 대피시키도록 했다.

5-5. 목적어보어가 'to-부정사구'인 문장

주어 + 동사 + 목적어 + to-부정사구

(Subject +Verb + Object + to-infinitive Phrase)

목적격보어가 'to-부정사구'인 구문에서는, 예컨대 "**He wants her to be his secretary.**"(그는 그녀가 그의 비서가 되어주기를 바란다)라는 문장에서처럼, 목적어(her)가 'to be'에 연결되는 서술어(secretary)와 동등한 관계가 성립한다. 그리고 동사에 let, bid 등이 사용될 경우, 'to be' 대신에 'be'가 쓰인다. 경우에 따라서 'to be'가 생략되기도 한다.

	〈주어〉	〈동사〉	〈목적어〉	〈to-부정사구〉
예 1.	Everyone	acknowledged	him	(to be) the best candidate.
2.	They	declared	it	to be their firm conviction.
3.	He	bade	his son	be a good student.
4.	The man	believed	the girl	to be his lost daughter.
5.	Please	let	my son	be your student.
6.	Please	imagine	yourself	to be in my place.
7.	People	considered	the boy	to be innocent.
8.	They	supposed	her	to be the leader of the group.
9.	We	guessed	him	to be between 35 and 40.
10.	They	supposed	wisdom	to be the goal of learning.

1. 모두가 그를 최고의 후보자로 인정했다.
2. 그들은 그것이 그들의 확고한 신념이라고 선언했다.
3. 그는 그의 아들이 좋은 학생이 될 것을 당부했다.
4. 그 남자는 그 소녀가 자기의 잃어버린 딸이라고 믿었다.
5. 제 아들을 당신의 제자로 받아주십시오.
6. 제 입장이 되어 보세요.

7. 사람들은 그 소년이 순진하다고 여겼다.
8. 그들은 그녀를 그 그룹의 지도자로 간주했다.
9. 우리는 그가 35세에서 40세쯤 되리라고 추측했다.
10. 그들은 지혜를 배움의 목적으로 여겼다.

5-6. 형식목적어(It)를 사용하는 문장

주어 + 동사 + 형식목적어 + 목적격보어 + 목적어
(Subejct + Verb + It + Object Complement + Object)

'To-부정사구'나 'that-절' 등 목적어로 사용되는 어구가 너무 길어서 동사와 목적격보어 사이에 놓기가 불편할 경우는 **형식목적어**를 목적어 자리에 놓고 **진짜 목적어**는 제일 뒤로 보낸다.

	〈주어〉	〈동사〉	〈It〉	〈목적격보어〉	〈목적어〉
예 1.	People	think	it	strange	to live alone in a big house.
2.	We	believe	it	our duty	to protect the young children.
3.	I	think	it	foolish	to miss the chance.
4.	He	found	it	difficult	to refuse her request.
5.	They	consider	it	stylish	to wear a hat.
6.	We	made	it	clear	that he should not cheat himself.
7.	She	assumes	it	important	that young people respect elders.
8.	We	think	it	impolite	that people are not punctual.
9.	He	thinks	it	odd	that men take care of babies.
10.	They	consider	it	foolish	that she married such a lazy man.

1. 사람들은 큰 집에서 혼자 사는 것을 이상하게 생각한다.
2. 우리는 어린이들을 돌보는 것을 우리의 의무라고 믿는다.
3. 나는 그 기회를 놓치는 것이 어리석다고 생각한다.

4. 그는 그녀의 요청을 거절하기가 어렵다는 것을 알게 되었다.
5. 그들을 모자를 쓰는 것이 멋지다고 여긴다.
6. 우리는 그가 자신을 속이지 말아야 한다는 것을 분명히 했다.
7. 그녀는 젊은이들이 나이든 사람들을 존경하는 것이 중요하다고 여긴다.
8. 우리는 사람들이 시간을 지키지 않는 것을 무례하다고 생각한다.
9. 그는 남자들이 아기 돌보는 것을 이상하게 생각한다.
10. 그들은 그녀가 그런 게으른 남자와 결혼한 것을 어리석다고 여긴다.

연습문제 5

A. 아래의 〈보기〉에서 알맞은 형용사를 골라 빈 칸에 넣으시오.

〈보기〉 happy, enormous, black and blue, spellbound, clear, secret, strong, red, dumb, loud and clear.

1. The horrible news struck us ____________.
2. When they got to the place, they found the bridge ____________.
3. When she was a college student, she used to dye her hair __________.
4. In the committee meeting, they made their objection ____________.
5. His secretary was supposed to leave the matter ____________.
6. I don't like my coffee ____________ any longer.
7. We all want to see you ____________ in this new place.
8. Whenever he spoke, he held his audience ____________.
9. Please read the book ____________.
10. The drunken parents beat their own son ____________.

B. 아래의 우리말과 같은 영어 문장이 되도록 밑줄 친 부분에 알맞은 <u>동사</u>와 <u>현재분사</u>를 써 넣으시오.

1. 나는 너희 모두가 영어를 유창하게 말할 수 있게 할 것이다.
   I'll ____________ you all ____________ English fluently.
2. 그 소식을 듣고 나는 그 사건의 진실성에 대해 의심하게 되었다.
   The news ____________ me ____________ of the truth of the accident.

3. 고된 노동이 그 노인을 나무 그늘에서 졸게 했다.
   The hard labor __________ the old man __________ in the shade of a tree.
4. 그 아이들은 연들을 하늘 높이 날게 할 수 있었다.
   The children could __________ their kites __________ high in the sky.
5. 그의 따뜻한 음성이 그녀의 심장을 평소보다 빠르게 고동치게 했다.
   His warm voice __________ her heart __________ faster than usual.
6. 그 폭발이 (일어나서) 물건들이 온 사방으로 날아가게 했다.
   The explosion __________ things __________ in all directions.
7. 지도자는 사람들을 그의 말에 따라서 움직이게 해야 한다.
   The leader should __________ people __________ according to his words.
8. 산타클로스의 선물이 병원의 아이들을 하루 종일 미소 띠게 만들었다.
   The gift from the Santa Claus __________ the children in the hospital __________ all day long.
9. 네가 그 일을 다시 하는 것을 내가 보지 않게 해라.(다시는 그렇게 하지 마라.)
   Don't __________ you __________ that again.
10. 나는 그렇게 약한 사람이 에베레스트 산에 올라갔다는 것을 상상할 수가 없다.
    I can't __________ a man so weak __________ Mt. Everest.

C. 괄호 안에 주어진 동사를 알맞게 변화시켜 빈 칸을 채우시오.

1. I found my hometown __________ into a tourist center. **(turn)**
2. The storm made the big house __________ completely. **(destroy)**
3. We had all our purses __________ in the library. **(steal)**
4. He heard his poem __________ in a different language. **(recite)**
5. You should make yourself __________ clearly by others. **(understand)**
6. Since nobody has any objections, he declared the meeting __________ . **(close)**
7. Let's have her photograph __________ once a year. **(take)**
8. Why don't we have our TV program __________ next month? **(change)**

9. My uncle had his appendix __________ last year in a hospital in Seoul. **(remove)**

10. The big stone let the window ___________ into pieces. **(break)**

D. 〈주어+동사+목적어+to-부정사구〉의 구문을 사용하여 아래의 우리말을 영어로 옮기시오. 괄호 안에 주어진 어구는 필요시 알맞게 변형하여 사용하시오.

1. 우리 모두는 그 신사가 현명한 사람이라고 생각했다.
(suppose / the gentleman / a wise man)

____

2. 선 AB가 선 XY와 같은 길이가 되게 하시오.
(let / the line AB / to the line XY / equal in length)

____

3. 나는 그가 80세 정도 되었으리라 추측한다. **(guess / about eighty)**

____

4. 그들은 모두 그 연구 프로젝트가 무익하다고 느꼈다.
(feel / the research project / unprofitable)

____

5. 우리는 이것이 꾸며낸 이야기가 아니라고 생각했다. **(think / a nonfiction)**

____

6. 나는 당신이 학기말까지 내 조교로 머물러 주기 바랍니다.
(want / remain / my assistance / semester)

____

7. 그들은 모두 리어왕을 미친 사람이라고 여겼다.
(suppose / King Lear / a mad man)

____

8. 그는 자기 아들을 그 이사회의 이사장으로 추천했다.
(recommend / the chairman of the board of trustees)

____

9. 모든 참석자는 그 제안이 현명하지 못하다고 느꼈다.
   (participants / feel / the proposal)

10. 그들은 그가 지난 10여 년 동안 스파이 노릇을 했다는 것을 알았다.
   (know / a spy)

E. 〈주어+동사+목적어+목적격보어〉의 형식을 사용하여 아래의 우리말을 영어로 옮기시오.

1. 그들은 그를 장군이라고 생각했다.

2. 그녀는 그 직업을 성공으로 이끌었다(만들었다).

3. 그는 그의 아들을 좋은 의사라고 여겼다.

4. 사람들은 알렉산더를 그들의 왕으로 추대했다.

5. 그들은 한국인을 그들의 새 지도자로 선출했다.

6. 그는 5년의 구애 끝에 그녀를 그의 부인으로 삼았다.

7. 그 젊은 어머니는 자기 아이를 천재라고 생각한다.

8. 바보는 자기를 현명하다고 여기나, 현자는 자기를 어리석다고 여긴다.

9. 그는 아버지의 극심한 반대에도 불구하고 춤을 직업으로 삼았다.

10. 그 나라는 어린 소녀를 여왕으로 선택했다.

제2장 문장의 종류

1. 구조를 토대로 한 문장의 종류

1-1. 단문(Simple Sentence)
1-2. 중문(Compound Sentence)
1-3. 복문(Complex Sentence)
1-4. 혼합문(Compound-complex Sentence)

영어 문장은, 독립적으로 완전한 문장을 구성하는 기본 요소인 '주어와 동사'가 결합된 단위 (S+V Unit)의 수효를 기준으로 하여 문장을 단문, 중문, 복문, 혼합문으로 나눈다.

1-1. 단문(Simple Sentence)

단 하나의 **'주어+동사' 단위(S+V Unit)**로 구성된 문장을 일컬으며, 하나의 주어와 하나의 동사로 구성되는 것이 기본이다. 주어가 둘 이상이거나 동사가 둘 이상인 경우도 있다. 수식어가 붙어서 길어진 문장이라 해도 **주어+동사의 단위가 하나면** 단문으로 간주한다.

예 1. **She** **stands** there. **그녀가 거기 서 있다.**
S1 **V1**

2. **Snow** and **ice** covered over the area. **눈과 얼음이 그 지역을 덮었다.**
S1 **S2** V1

(주어 두 개가 하나의 동사에 연결)

3. He **sang** and **danced** at the theater. **그는 극장에서 노래하고 춤췄다.**
S1 **V1** **V2**

(동사 두 개가 하나의 주어를 서술)

4. In this global village, people spend much time and money in learning foreign languages.
S1 V1

이 지구촌에서, 사람들은 외국어를 공부하는 데 많은 시간과 돈을 사용한다.

(위의 문장에서, 'In this global village'와 'in learning foreign languages' 라는 부사구를 제외하면, "People spend much time and money."라는 주어+동사+목적어로 구성된 단순한 문장이 남는다.)

5. Having arrived at the airport, he saw his mother waiting for him.
   S1 V1

   공항에 도착하자, 그는 자기를 기다리고 계신 어머니를 보았다.

   ('Having arrived at the airport'라는 분사구문은 때를 나타내는 부사구이며, 'waiting for him'은 his mother를 수식하는 형용사구다.)

1-2. 중문(Compound Sentence)

둘 이상의 '주어+동사' 단위가 **and, but, or, nor, so, for, yet** 같은 **등위접속사(Coordinating Conjunction)**에 의해 문법적으로 대등하게 연결되는 문장을 말한다. 이 때 접속사로 연결되는 각각의 주어+동사 단위를 '절'(Clause)이라고 한다.

〈and〉

예

1. He is a teacher, **and** his wife is a nurse.
   S1 V1 S2 V2

   그는 교사며 그의 아내는 간호사다.

2. He left her ten years ago, **and** she never saw him again.
   S1 V1 S2 V2

   그는 10년 전에 그녀를 떠났다, 그리고 그녀는 그를 다시 보지 못했다.

〈but / yet〉

예

1. He likes sports programs, **but** she likes melodramas.
   S1 V1 S2 V2

   그는 스포츠 프로를 좋아하지만 그녀는 멜로드라마를 좋아한다.

2. They are short, **but** their children are very tall.
   S1 V1 S2 V2

   그들은 키가 작지만, 그들의 자녀들은 매우 크다.

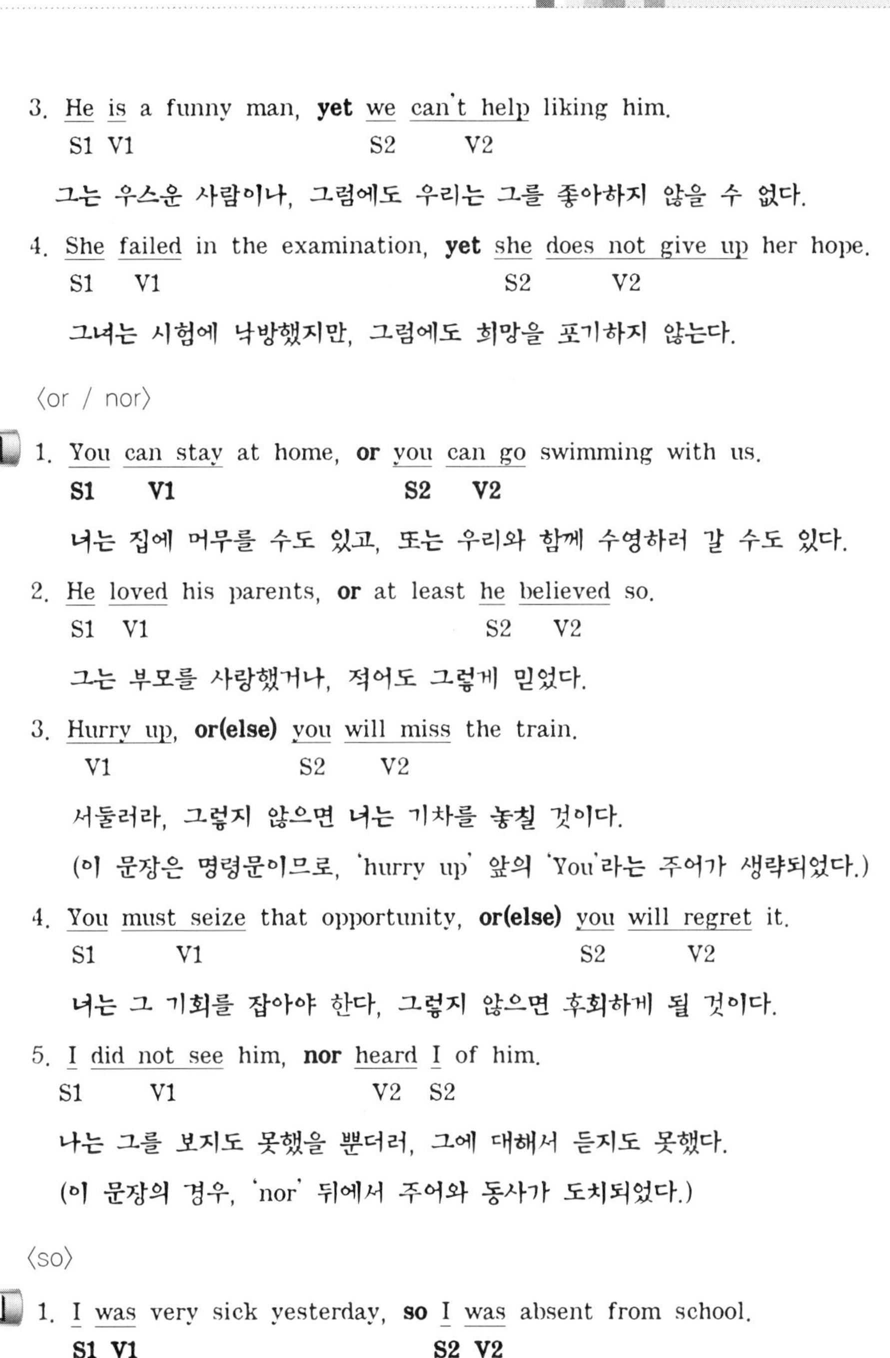

3. He is a funny man, **yet** we can't help liking him.
S1 V1 S2 V2

그는 우스운 사람이나, 그럼에도 우리는 그를 좋아하지 않을 수 없다.

4. She failed in the examination, **yet** she does not give up her hope.
S1 V1 S2 V2

그녀는 시험에 낙방했지만, 그럼에도 희망을 포기하지 않는다.

〈or / nor〉

예 1. You can stay at home, **or** you can go swimming with us.
S1 V1 S2 V2

너는 집에 머무를 수도 있고, 또는 우리와 함께 수영하러 갈 수도 있다.

2. He loved his parents, **or** at least he believed so.
S1 V1 S2 V2

그는 부모를 사랑했거나, 적어도 그렇게 믿었다.

3. Hurry up, **or(else)** you will miss the train.
V1 S2 V2

서둘러라, 그렇지 않으면 너는 기차를 놓칠 것이다.

(이 문장은 명령문이므로, 'hurry up' 앞의 'You'라는 주어가 생략되었다.)

4. You must seize that opportunity, **or(else)** you will regret it.
S1 V1 S2 V2

너는 그 기회를 잡아야 한다, 그렇지 않으면 후회하게 될 것이다.

5. I did not see him, **nor** heard I of him.
S1 V1 V2 S2

나는 그를 보지도 못했을 뿐더러, 그에 대해서 듣지도 못했다.

(이 문장의 경우, 'nor' 뒤에서 주어와 동사가 도치되었다.)

〈so〉

예 1. I was very sick yesterday, **so** I was absent from school.
S1 V1 S2 V2

나는 어제 매우 아팠기 때문에 학교에 결석했다.

2. A strong earthquake occurred, **so** the town was destroyed.
S1 V1 S2 V2

강한 지진이 발생했으므로 그 마을이 파괴되었다.

3. The case is a delicate one, **so** the judge will think it over before his decision.
S1 V1 S2 V2

이 사건은 미묘한 것이다. 따라서 판사는 판결을 내리기 전 이에 대해 심사 숙고할 것이다.

〈for〉

예 1. The old man did not go out all day, **for** he got a cold.
S1 V1 S2 V2

그 노인은 왼 종일 밖에 나가지 않았다. 감기에 걸렸기 때문이다.

2. I need an electric heater, **for** this room is too cold.
S1 V1 S2 V2

나는 전기 히터가 필요하다. 이 방이 너무 춥기 때문이다.

연습문제 6

A. 아래 문장의 주어, 동사, 접속사에 밑줄을 긋고 각각 'S,' 'V,' 'Conj'으로 표기한 후, 문장이 단문이면 "단," 중문이면 "중" 이라고 빈 칸에 적으시오.

1. _____ On my way home, I noticed a stranger following me, so I went to the nearest police station.
2. _____ Korean students spend a lot of time and energy to study English.
3. _____ The movie was over, and we all went to the coffee shop.
4. _____ They had to cancel their travel to Egypt, for a civil war broke out in the country.
5. _____ He is poor, but his father is rich.
6. _____ Do you like this red sweater or that violet one?
7. _____ They went skiing last winter, and a ski coach was with them.
8. _____ This hotel is not clean, yet its surrounding is perfect.
9. _____ She suddenly stopped singing, thinking of her baby.
10. _____ The little boys came into the room, played with a toy car, read a picture book, and watched TV.
11. _____ You can read books, or you can enjoy swimming this afternoon.

12. _____ He hopes to work in the company for another year yet.
13. _____ She never saw her mother again, nor did she regret it.
14. _____ He stood, scarcely making a sound, with his face toward the window.
15. _____ The big city is sprawling out into the suburbs.

B. 다음의 빈 칸에 알맞은 등위접속사를 넣어서 문장을 완성하시오.

1. He loves his daughter very much, _______ she hates him.
2. It rained all day yesterday, _______ we postponed our picnic.
3. Maria prepares breakfast, _______ her husband helps her.
4. We could play the piano, _______ we could walk around the city.
5. My mother likes fish, _____ she wants to reduce the amount of cholesterol.
6. She didn't keep her promise, _______ everybody was angry.
7. You can stay here for a long time, _______ you can go away soon.
8. I disliked making a poor excuse, _______ I said no more.
9. He abuses his wife severely, _______ she still loves him dearly.
10. I cannot do the task, _______ can it be done by anyone else.

C. 밑줄 친 부분의 우리말을 영어로 옮겨 문장을 완성하시오.

1. Diana got up and went outside,______________________________.
   (그리고 그는 떠나는 그녀를 지켜보았다)
2. She is still beautiful,______________________________.
   (그러나 그녀는 더 이상 젊지 않다)
3. He played the piano perfectly,______________________________.
   (그래서 청중은 그에게 기립박수를 보냈다)
4. You'd better bring sports shoes,______________________________.
   (그 여행에는 걷는 코스가 많기 때문에)
5. His son doesn't like broccoli,______________________________.
   (그도 젊었을 때 그것을 좋아하지 않았다)

6. Seoul is a big city,________________________________.

(그래서 가 볼만한 흥미로운 곳이 많다)

7. You must take the course this time,________________________.

(아니면 내년까지 기다려야만 할 것이다)

8. A girl was crying in the class,___________________________.

(하지만 선생님은 그것을 돌아보지 않으셨다)

9. Her husband's sudden death was a great shock to her,____________

____.

(그래서 그녀는 오랫동안 거의 아무 것도 할 수 없었다)

10. Masada was a huge natural bulwark,__________________________

____.

(그리고 불굴의 정신의 상징이 되었다)

1-3. 복문(Complex Sentence)

둘 이상의 주어+동사 단위가 대등하게 연결되는 것이 아니라, 문법적으로 주가 되는 **주절(Principle Clause)**과 그에 종속되는 **종속절(Subordinating Clause)**로 연결되는 문장을 복문이라 한다.

*아래의 예문은 다음의 두 문장을 하나로 합친 것이다.

1. The king passed by.

2. The children waved their national flags.

예 **The children waved their national flags when the king passed by.**

주 절 / 종속절

왕이 지나갈 때 어린이들이 그들의(그 나라의) 국기를 흔들었다.

*종속절이 앞에 오는 경우는 종속절 뒤에 **쉼표(comma)**가 온다.

When the king passed by, the children waved their national flags.

Notice
만약 위의 두 문장을 'and'로 연결했다면, "The king passed by **and** the children waved their national flags."가 되어 두 문장이 문법적으로 대등한 관계에 놓였을 것이다.
그러나 위의 문장의 경우, **1번 문장을 종속절로 만들어,** '왕이 지나갔다'는 것보다 '어린이들이 국기를 흔들었다'는 점을 더 중요하게 다뤘다. 이와 반대로 **2번 문장을 종속절로 만들면** "The king passed by **when** the children waved their national flags."라는 문장이 되어 '왕이 지나갔다'는 것에 더 무게가 실린다.
종속절은 문법적 기능에 따라서 크게 **명사절(Noun Clause), 형용사절(Adjective Clause), 부사절(Adverb Clause)**의 3가지로 나뉜다.

(1) 종속절이 명사절인 경우

명사절은 문장에서 명사의 역할을 하는 절로서, 전체 문장의 주어가 되는 주어절, 주절의 동사의 목적어가 되는 목적절, 주절의 서술어가 되는 서술절 등이 있다.

〈주어절〉

1. **That she got the gift from her boyfriend** made her happy.
   S (S + V + O) V O OC

   그녀가 애인으로부터 선물을 받았다는 것이 그녀를 기쁘게 했다.

   (이 문장의 주어는 'that-절': That she got the gift from her boyfriend이다. 종속절이 주어가 되는 문장은 '가주어'(It)를 사용하여 "**It** made her happy **that she got the gift from her boyfriend.**"라고 표기하는 것이 일반적이다.)

2. **That he will come next week** is certain.

   그가 내 주에 올 것이 확실하다.

   (**It** is certain **that he will come next week.**)

3. **That we made a right choice** will be proven by the result.

   우리가 올바른 선택을 했다는 것이 결과로써 증명될 것이다.

   (**It** will be proven by the result **that we made a right choice.**)

4. **That they survived in such a poor condition** is a miracle.

   그들이 그토록 나쁜 조건에서 생존했다는 것이 기적이다.

   (**It** is a miracle **that they survived in such a poor condition.**)

5. **That he died so young** is unbelievable.
그가 그렇게 일찍 죽었다는 것이 믿기지 않는다.
(**It** is unbelievable **that he died so young**.)

〈목적절〉

1. The teacher didn't know **that all the students had left**.
S V O (S + V)
그 교사는 학생들이 모두 떠났다는 것을 알지 못했다.
(여기서 'that-절': that all the students had left가 주절의 동사의 목적어가 된다.)
2. We could hardly believe **that we had so much snow this winter**.
우리는 올 겨울에 눈이 그렇게 많이 왔다는 것을 믿기가 어려웠다.
3. Show me **what you have written so far**.
지금까지 네가 쓴 것을 보여주렴.
4. I doubt **whether they could finish the work by next week**.
그들이 내주까지 그 일을 끝낼 수 있을 지 의심스럽다.
5. We asked him **why he didn't come to the meeting**.
우리는 그가 왜 모임에 오지 않았는지 물어보았다.

〈서술절〉

예 1. The truth is **that our team lost the game**.
S V SC (S + V + O)
사실은 우리 팀이 경기에 졌다는 것이다.
(여기서 'that-절'이 주절의 서술어 역할을 한다.)
2. Our hope is **that the living condition of our country is improved**.
우리의 바람은 우리나라의 삶의 조건이 향상되는 것이다.
3. The fact is **that they cannot afford the car**.
사실은 그들이 자동차를 살 여유가 없다는 것이다.
4. The chances are **that he may not arrive at home yet**.
그가 아직 집에 도착하지 못했을 공산이 크다.
5. This is **what I think**. 이것이 내가 생각하는 것이다.

(2) 종속절이 형용사절인 경우

형용사절은 주절의 명사/대명사를 수식하는 형용사 역할을 하는 절로서, 관계대명사, 관계부사 등의 관계사가 이끄는 것이 보통이다. 주절의 명사/대명사의 문법적 기능에 따라서 주어, 목적어, 서술어를 수식하게 되며, 이 때 형용사절의 수식을 받는 명사/대명사를 선행사라고 한다. 형용사절의 경우, 관계사와 be-동사를 생략하기도 한다.

〈주어 수식〉

예 1. The young man **(who is) in the office** is my brother.
S ← (S + V + 부사구) V SC
사무실에 있는 그 젊은 남자는 내 남동생이다.
(이 문장에서 who가 이끄는 명사절: "who is in the office"가 주절의 주어를 수식한다. 명사절에서 "who is"를 생략하면 명사구가 된다.)

2. The strange sound **(which) we heard last night** was the cry of a wolf.
우리가 지난밤에 들었던 이상한 소리는 늑대의 울음 소리였다.

3. The first thing **(that) they did in that island** was the building of a bridge.
그들이 그 섬에서 한 최초의 일은 다리를 건설하는 것이었다.

4. The words **(that) we spoke to him** didn't affect his thought.
우리가 그에게 한 말이 그의 생각에 영향을 미치지 못했다.

5. The time **(when) the train arrives** was not announced.
기차가 도착할 시간이 알려지지 않았다.

〈목적어 수식〉

예 1. She misses the man **(whom) she met in London**.
그녀는 런던에서 만났던 그 남자를 그리워한다.

2. He wears the shirt **(which) he likes best of all his clothes**.
그는 그가 가진 옷들 중에서 가장 좋아하는 셔츠를 입고 있다.

3. She didn't return the book **(which) she borrowed from the library**.
그녀는 도서관에서 빌린 책을 반납하지 않았다.

4. He will not forget everybody **(that) he met at his birthday party**.
그는 자기 생일파티에서 만났던 모든 사람을 잊지 못할 것이다.

5. Try to find out the job **(that) you can perform well enough**.
당신이 충분히 잘 할 수 있는 직업을 찾도록 노력하세요.

〈서술어 수식〉

예 1. This is the building **(that) the famous architect designed**.
이것이 바로 그 유명한 건축가가 설계한 건물이다.

2. He is the professor **(whom) I respected in my college days**.
그는 내가 대학 시절에 존경한 교수이다.

3. This is the girl **whose mother is a worldly famous dancer**.
이 아이가 바로 세계적으로 유명한 무용가를 어머니로 둔 소녀이다.

4. That is the reason **(why) he likes his wife so much**.
그것이 바로 그가 자기 부인을 그토록 좋아하는 이유다.

5. This is the way **(how) he manages his time and money**.
이것이 바로 그가 시간과 돈을 경영하는 방법이다.

(3) 종속절이 부사절인 경우

부사절은 주절 전체 또는 주절의 동사, 형용사, 부사 등을 수식하는 절을 말하며, 부사절을 이끄는 종속접속사(Subordinating Conjunction)의 성격에 따라서 시간, 장소, 이유, 목적, 결과, 방법, 조건, 양보 등을 나타낸다.

〈시간〉

시간을 나타내는 부사절을 이끄는 접속사에는 **after, as, as soon as, before, during, once, since, till, until, when, whenever, while** 등이 있다.

예 1. **After the president had died**, many changes were made in our country.
대통령이 서거한 후, 우리나라에 많은 변화가 있었다.

2. **As she was coming into her office**, he saw her.
그녀가 사무실에 들어가고 있을 때 그는 그녀를 보았다.

3. **As soon as the child saw his mother**, he stopped crying.
그 아이는 엄마를 보자마자 울음을 그쳤다.

4. The thief ran out **before they called the police**.
그들이 경찰을 부르기 전에 그 도둑은 도망쳤다.
5. They have been friends **since they met in college**.
그들은 대학에서 만난 후 줄곧 친구로 지내왔다.
6. Please keep it for me **till I come back from Japan**.
제가 일본에서 돌아올 때까지 저 대신 그것을 보관해 주세요.
7. He did not appear **until the meeting was half over**.
그는 모임이 절반쯤 끝날 무렵에서야 모습을 나타냈다.
8. This building was not here **when I was a child**.
내가 어린아이였을 때는 이 건물은 여기 없었다.
9. **Whenever she began talking about him**, she was excited.
그에 관해 말하기 시작하면 그녀는 언제나 흥분했다.
10. **While I read the newspaper**, he cleaned the room.
내가 신문을 읽는 동안 그는 방을 청소했다.

〈장소〉

장소를 나타내는 부사절을 이끄는 접속사에는 **where, wherever, whence, everywhere** 등이 있다.

예 1. **Where there's a will**, there's a way. 뜻이 있는 곳에 길이 있다.
2. **Wherever we went**, we had a warm welcome from the local people.
우리가 어디를 가든, 우리는 지역 주민들의 따뜻한 환영을 받았다.
3. That is the area, **whence the folk dances of the country originated**.
그곳이 바로 그 나라의 민속춤이 유래된 지역이다.
4. **Everywhere you go**, big cities are the same these days.
요즈음은 어디를 가나 큰 도시들은 거의 같다.

〈이유〉

이유를 나타내는 부사절을 이끄는 접속사에는 **as, inasmuch as, because, on the ground that, since** 등이 있다.

예 1. **As she has no car**, somebody has to help her.
그녀는 자동차가 없기 때문에 누군가 그녀를 도와주어야 한다.

2. **Because it was a pitch-dark night**, we couldn't see each other's face.
그 밤은 칠흑같이 어두웠기 때문에 우리는 서로의 얼굴을 볼 수 없었다.

3. He didn't participate in the field trip **on the ground that he was too busy**.
그는 너무 바쁘다는 이유로 답사에 참가하지 않았다.

4. **Since you aren't old enough**, you can't see the movie.
너는 아직 나이가 차지 않았기 때문에 그 영화를 볼 수 없다.

〈목적〉

목적을 나타내는 부사절을 이끄는 접속사에는 **that, in order that, so that, for the purpose that, lest, for fear (that)** 등이 있다.

예 1. Study hard **so that you may pass the upcoming examination**.
다가온 시험에 통과하기 위하여 공부를 열심히 하세요.

2. He left very early **in order that he might catch the first metro**.
그는 첫 지하철을 탈 수 있도록 매우 일찍 떠났다.

3. Be careful **lest you should go astray in a dark forest**.
어두운 숲에서 길을 잃지 않도록 조심하세요.

4. He went out in disguise, **for fear (that) someone should recognize his face**.
그는 누군가가 그의 얼굴을 알아차릴까 봐 겁나서 변장을 하고 외출했다.

〈결과〉

결과를 나타내는 부사절을 이끄는 접속사에는 **so ~ that, such ~ that** 등이 있다.

예 1. He spoke **so** eloquently **that everyone in the place was persuaded**.
그가 그토록 웅변적으로 말했기 때문에 그 장소에 있던 모든 사람이 설득을 당했다.

2. The old man is **so** weak **that he cannot stand on his own feet**.
그 노인은 너무 허약하여 제 발로 설 수가 없다.

3. He has lived **such** a licentious life **that his wife couldn't endure it**.
그가 그토록 방종한 삶을 살았던 탓에 그의 아내는 견딜 수 없었다.

〈방법〉

방법을 나타내는 부사절을 이끄는 접속사에는 **as, how, like, like as, as if, as though** 등이 있다.

예 1. "Do in Rome **as the Romans do**." This is still effective.
"로마에서는 로마 사람들처럼 행동하세요." 이 말은 여전히 유효하다.

2. Nothing happened **as we had expected**.
아무 일도 우리가 예상했던 것처럼 일어나지는 않았다.

3. He always acts **like he is the boss**.
그는 언제나 자기가 우두머리인 것처럼 행동한다.

4. We can't go your place on Tuesday **like we said before**.
우리는 전에 말했듯이 화요일에 당신네 집에 갈 수 없습니다.

5. She looks **as if she had a severe headache**.
그녀는 심한 두통에 시달리는 것처럼 보인다.

6. He looks **as if he fell in love with somebody**.
그는 누군가와 사랑에 빠진 듯하다.

7. She takes care of the boy **as though she were his mother**.
그녀는 자신이 그 아이의 어머니라도 되는 듯이 그 소년을 돌본다.

〈조건〉

조건을 나타내는 부사절을 이끄는 접속사에는 **if, in case, once, on condition that, except, once, provided (that), unless** 등이 있다. 단, **시간(때)을 나타내는 조건절에서는 동사의 현재형으로 미래를 나타낸다.**

예 1. **If it rains tomorrow**, the outdoor concert will be cancelled.
만약 내일 비가 오면, 야외 음악회는 취소될 것이다.

2. **If I were rich**, I would establish a research foundation.
내가 부자라면, 연구 재단을 하나 설립할 텐데.

3. **If a storm brews tomorrow**, you'd better stay inside.
만약 내일 폭풍이 일기 시작하면, 실내에 머무는 것이 더 좋을 것이다.

4. **In case I am late**, just start the meeting without me.
   내가 늦게 되면, 나 없이 모임을 시작하세요.
5. **Once the editor-in-chief arrives**, we will start the meeting.
   편집장만 도착하면, 회의를 시작할 것이다.
6. I can lend you this CD **on condition that you return it tomorrow**.
   내일 돌려주신다는 조건하에 이 CD를 당신에게 빌려드릴 수 있습니다.
7. **Unless the government supports**, the school will have to close.
   정부가 지원하지 않는 한, 그 학교는 문을 닫아야 할 것이다.
8. The drive-in bank was wonderful **except there were so many cars waiting in line.**
   길게 늘어선 그 많은 차들만 제외하면, 그 드라이브인 은행은 훌륭했다.
   (드라이브인: 차를 탄 채로 이용할 수 있는 영화관, 은행 등)
9. I'll go there, **provided (that) others go**.
   남들이 가면 나도 거기 갈 것이다.
10. She will buy any doll, **provided it is beautiful and peculiar**.
    그녀는, 예쁘고 특이하게 생기기만 했다면 어떤 인형이라도 다 살 것이다.

〈양보〉

양보를 나타내는 부사절을 이끄는 접속사에는 **though, although, even though, if, even if** 등이 있다.

예

1. **Though it was very dark**, they went on working.
   날이 매우 어두웠지만, 그들은 일을 계속했다.
2. This desk is still convenient **although it is very old**.
   이 책상은 비록 매우 낡았지만, 여전히 편리하다.
3. They kept trying **even though they knew it was hopeless.**
   그들은 희망이 없음을 알았음에도 계속 노력했다.
4. I don't mind **if I make lots of mistakes in speaking English**.
   나는 영어로 말할 때 많은 오류를 범한다 해도 상관하지 않는다.
5. **Even if he tries hard**, he may not finish it on time.
   그가 열심히 노력한다 해도 제 시간에 그것을 끝내지 못할 것이다.

연습문제 7

A. 종속접속사로 아래의 두 문장을 하나로 만들고, 종속접속사에 밑줄을 그으시오.

1. It is remarkable.

   He passed the entrance examination so young.

   ______________________________.

2. It made his father sad.

   He had a big fight with his elder brother.

   ______________________________.

3. The visitors did not recognize it.

   The cathedral was closed on Mondays.

   ______________________________.

4. Nobody knew it.

   Earthquakes were frequent in this village in the past.

   ______________________________.

5. The lady is his wife.

   The lady wears a beautiful blue dress.

   ______________________________.

6. The novel became a bestseller as soon as it was published.

   My friend wrote the novel.

   ______________________________.

7. The famous poet recited his own poems.

   The poems are very popular among college students.

   ______________________________.

8. These days foreigners like Korean clothes.

   The Korean clothes are of good quality.

   ______________________________.

9. This is the news.

   I learned the news from good authority.

   ______________________________.

10. The man in white shirts is an actor.
    The actor is well known in Asian countries.

    ____.

B. 아래의 문장에서 종속절에 밑줄을 긋고, 그 종속절이 명사절이면 "명," 형용사절이면 "형"이라고 쓰시오.

1. They told us where they had spent last summer.
2. The place where he comes from is everybody's concern.
3. The person who does wrong must be punished.
4. That he practiced a lot will be proven by the result.
5. This is the reason why they are so critical about the movie.
6. The fact is that they don't respect the wisdom of old people.
7. The poor boy shouted that he didn't steal the purse.
8. Unfortunately he chose the subject that he didn't like at all.
9. This is the masterpiece that a Korean artist painted 1,000 years ago.
10. That they moved such a huge stone is a mystery.

C. 아래 문장의 밑줄 친 부분을 영어로 옮기시오.

1. The classes ____________________ will be announced by tomorrow.
   (아직 열려 있는)
2. Don't ask your sister the reason ____________________.
   (왜 그녀가 파티에 혼자 왔는지)
3. A good marriage is the thing ____________________.
   (그가 정말로 원하는 것)
4. This is the place ____________________.
   (우리 부모님께서 10년 전에 사셨던)
5. The truth is ____________________.
   (인간들이 여전히 자연을 심각하게 파괴한다는 것)
6. It is almost certain ____________________.
   (모든 국제선 비행이 취소되리라는 것)

7. She kept it secret ________________________________.

(자기가 영작문대회에서 1등을 했다는 것)

8. ________________________________ is amazing.

(그 어린 소녀가 그렇게 어려운 곡을 연주한 것)

9. Our hope and desire are ________________________________.

(우리 아이들이 모두 건강하고 행복한 것)

10. I want to know ________________________________.

(언제 어디서 이 지루한 논쟁이 끝나게 될지)

1-4. 혼합문 (Compound-complex Sentence)

혼합문은 중문과 복문이 혼합되어 있는 문장을 말하며, 적어도 두 개의 독립절과 하나의 종속절을 갖는다.

예 1. My car is very old, **so** I bought a new one, **even though** I had not much money.
내 차는 매우 낡았다. 그래서 나는 돈은 많지 않았지만, 새 차를 샀다.

*위 문장은 다음의 세 문장이 하나로 결합된 것이다.

1. My car is very old.

2. I bought a new car. (car → one)

3. I had not much money.

(세 문장 중에서 1과 2가 등위접속사 "so"로 연결되어, 인과관계를 나타내는 독립절이 되었고, 3은 "even though"가 이끄는 종속절이 되었다.)

2. I began to send an E-mail to my friend, **but** I could not finish it **because** electricity was cut off suddenly.
나는 친구에게 이메일을 보내기 시작했다. 그러나 갑자기 정전이 되었기 때문에 그것을 마칠 수가 없었다.

3. They scolded their son **because** he told lies, **but** the child did not change the bad habit **until** he became an adult.
그들은 아들이 거짓말을 했기 때문에 그를 꾸짖었다. 그러나 그 아이는 성인이 될 때까지 그 나쁜 버릇을 고치지 않았다.

4. **After** the doctor had gone, she went into the workroom and cried **because** she was so afraid.
   의사가 돌아간 후, 그녀는 작업실로 들어가서 울었다. 너무 두려웠기 때문이다.
5. **Even though** we no longer believe in Greek gods, they still stimulate our imagination, **so** many kids read the stories about them.
   비록 우리가 희랍 신들을 더 이상 믿지는 않지만, 그들은 여전히 우리의 상상력을 자극한다. 그래서 많은 아이들이 그들에 관한 이야기들을 읽는다.
6. My mother had undergone all kinds of discrimination in academia **because** she was a woman; **so** have my sisters.
   우리 어머니는 여성이었기 때문에 대학에서 온갖 종류의 차별을 겪으셨고, 우리 언니들도 그랬다.

연습문제 8

A. 아래의 문장에서 종속절에 밑줄을 긋고, 그 의미에 따라서 시간, 장소, 이유, 목적, 결과, 방법, 조건, 양보 중에서 골라 빈칸에 적으시오.

1. ________ Wherever you go, please keep in touch with us.
2. ________ As soon as he went out of his office, she called him.
3. ________ It was such a beautiful scenery that everybody was amazed.
4. ________ Human life is not much different everywhere you go.
5. ________ Collecting coins has been his hobby since he was a little boy.
6. ________ If I were you, I would take the chance without any hesitation.
7. ________ He did not come back to the store until it was closed.
8. ________ As he had no car, she had to give him a ride all the time.
9. ________ Be careful lest you should miss the airplane.
10. ________ Don't behave as if you are the leader of us.
11. ________ Since the restaurant was so crowded, they waited for an hour.
12 ________ The girl is so smart that she could solve difficult questions.
13. ________ In case nobody appears, the concert will be cancelled.

14. ________ Don't give up to the last moment even though it looks totally hopeless.
15. ________ He made rapid progress with the book as he planned.

B. 종속접속사로 아래의 두 문장을 연결하고, 종속접속사에 밑줄을 그으시오.

1. The president died. / A new government was formed in that country.

   ______________________________.

2. We went. / We were surrounded by beautiful trees and flowers.

   ______________________________.

3. We whispered in darkness. / Someone should recognize us.

   ______________________________.

4. Please send your application forms. / It is too late.

   ______________________________.

5. They love each other very much. / They don't have much money.

   ______________________________.

6. His parents support. / The company would go bankrupt.

   ______________________________.

7. The book was very interesting. / He stayed all night to finish it.

   ______________________________.

8. Nothing happened. / We had worried.

   ______________________________.

9. The weather is fine. / We will climb the mountain.

   ______________________________.

10. It was too cold outside. / We had to wear heavy coats.

    ______________________________.

11. He took care of the patients. / He was their father.

    ______________________________.

12. People sometimes fail. / They really work hard.

    ______________________________.

13. He always visits her. / He has time.

____.

14. He was a talented businessman.
He profited greatly from his enterprise.

____.

15. You ought to go to bed early. / You may get up early in the morning.

____.

C. 괄호 안에 주어진 종속접속사를 사용하여, 아래의 문장들을 영어로 옮기시오.

1. 그는 딸을 매우 사랑하지만, 그녀는 아빠를 미워한다. **(though)**

____.

2. 어제는 하루 종일 폭설이 내렸기 때문에 우리는 집에서 탐정소설을 읽었다. **(because)**

____.

3. 그녀가 아침식사를 준비할 때면 언제나 그녀의 남편은 그 날의 신문을 읽는다. **(whenever)**

____.

4. 젊은 여성들은 그들이 섭취하는 콜레스테롤의 양을 줄이기 위해서 고기보다는 채소와 생선을 더 좋아한다. **(in order that)**

____.

5. 당신이 약속을 안 지키면, 당신의 평판이 손상을 입게 될 것입니다. **(if)**

____.

6. 그는 긴 연설을 마치자마자 그 방을 떠났다. **(as soon as)**

____.

7. 그가 영어웅변대회에서 1등을 하기까지 아무도 그 조용한 학생을 알아보지 못했다. **(until)**

____.

8. 그 연로한 부인은 연속극을 보는 동안 잠이 들었다. **(while)**

____.

9. 당신이 돈을 더 지불하면, 그 호텔에 원하는 만큼 오래 머물 수 있습니다. **(if)**

____.

10. 날이 밝아오자 짙은 안개가 서서히 걷혔다. **(as)**

____.

D. 아래 문장의 접속사에 밑줄을 긋고, 각 문장이 복문이면 "복," 단문, 중문, 복문의 혼합문이면 "혼" 이라고 빈칸에 적으시오.

1. _____ When he was with his family, he was happy, but now he feels lonely because he is left alone in a foreign country.
2. _____ He was bored because he had nothing to do all day long.
3. _____ Even if he failed in the entrance examination several times, he never gave up, and he passed it finally.
4. _____ You need patience if you want to get served in this restaurant.
5. _____ Wherever they went, they tried the local food of the place.
6. _____ Although he is a counsellor, he cannot solve his own problems, so he goes to other counsellors for help.
7. _____ The whole class participated in the debate, and all the students enjoyed it because they learned how to cooperate.
8. _____ As the election approached, all the candidates got more nervous.
9. _____ This is the place where he used to visit with his parents.
10. _____ The fact that she was brought up in an orphanage didn't affect his love for her.
11. _____ Ever since I was a little girl, I have wanted to be a writer.
12. _____ Our life style was rather simple when I was young, but now it is really complex.
13. _____ Although she is young, she is mature for her age.
14. _____ If you see the show, you will be fascinated by its acoustic effects.
15. _____ When Shakespeare was in his prime, English was the native speech of five to seven million people, and it stretched no further than the British island.

E. 등위접속사와 종속접속사를 각각 하나씩 사용하여 아래의 세 문장을 하나로 연결하고 두 접속사에 밑줄을 그으시오.

1. I tried to call my old friend in the U. S. A.
   I could not call her.
   I did not know her new telephone number.

   ____

   ____

2. She parted from her boyfriend at the bus depot.
   Tears dropped from her eyes.
   He could not go away leaving her alone.

   ____

   ____

3. We persuaded him.
   He changed his mind at last.
   He donated for the community activities

   ____

   ____

4. His parents think they love their only son very much.
   Their son has nobody to talk to.
   The lonely boy is depressed.

   ____

   ____

5. Money can do a lot of good things.
   Some things cannot be bought by money.
   It is not wise to calculate everything by money.

   ____

   ____

6. I packed the gift box as quickly as possible.
I ran to the post office on campus.
The post office was closed.

7. The computer game was very interesting.
He spent all afternoon playing on it.
He has an important examination next day.

8. It was very dark outside.
We had to carry our flashes with us.
Many people did not bring theirs.

9. You eat something.
You have to wash your hands.
You may be sick.

10. She saw young girls on the street.
She was sad.
They reminded her of her lost daughter.

2. 뜻을 토대로 한 문장의 종류

문장이 내포하는 내용(뜻)을 기준으로 하는 영어 문장에는 진술문, 의문문, 명령문, 감탄문, 기원문 등이 있다.

2-1. 진술문(Statement)

단순히 어떤 내용을 진술하는 문장

〈긍정문〉

예 1. They solved all of these difficult questions in such a short time.
그들은 순식간에 이 어려운 문제들을 모두 풀었다.

2. This region is covered with snow all winter long.
이 지역은 겨우내 눈에 덮여 있다.

3. Peak times for electricity consumption are in the early evening.
전기를 가장 많이 소비하는 시간대는 이른 저녁이다.

〈부정문〉

예 1. I am sorry, but that is **not** exactly what I ordered.
미안합니다만 그것은 제가 주문한 바로 그것이 아닙니다.

2. They were saved finally because they did**n't** give up hope.
그들은 희망을 포기하지 않았기 때문에 마침내 구조되었다.

3. Even after such a long discussion the personnel committee could **not** decide which applicant to choose.
그토록 긴 토론 후에도 그 인사위원회는 어느 신청자를 선택해야 할 지 결정할 수 없었다.

2-2. 의문문(Question)

〈Yes/No로 답할 수 있는 의문문〉

예 1. **Are** you interested in the international politics?

당신은 국제정치학에 흥미가 있습니까?

2. **Aren't** you happy because you got the four-year scholarship?

4년간 지급되는 장학금을 받았으니 기쁘지 않으세요?

3. **Can** she play the harp as well as her teacher?

그녀는 자기 선생님만큼 하프를 잘 연주할 수 있습니까?

4. **Did** you follow the speaker's words with the greatest attention?

당신은 연사가 하는 말들을 주의 깊게 경청하셨습니까?

5. **Didn't** she hurt herself badly when she fell on the floor?

그녀가 바닥에 넘어졌을 때 심하게 다치지 않았습니까?

〈WH-의문문〉

예 1. **What** do you think of the plastic surgery she had on her face?

그녀가 얼굴에 한 성형수술에 대하여 어떻게 생각하세요?

2. **Who** told you that preposterous rumor of my family?

누가 우리 가족에 대한 그런 터무니없는 소문을 당신에게 전했습니까?

3. **Where** did you put my passport and air-ticket?

제 여권과 항공권을 어디에 두었지요?

4. **When** will you come from Malibu, if you leave today?

오늘 떠나시면 말리부에서는 언제 돌아오실 건가요?

5. **Why** are you waiting for the person who had left you so long ago?

그렇게 오래 전에 당신을 떠나 버린 사람을 왜 기다리고 계십니까?

6. **How** could you do such a stupid thing in front of those judges?

그 심사위원들 앞에서 어떻게 그런 멍청한 짓을 할 수 있었나요?

2-3. 감탄문(Exclamatory Sentence)

특별한 느낌, 놀라움, 감탄, 또는 비탄이나 탄식을 나타내는 문장

예 1. What a beautiful and magnificent scenery this is!
이 얼마나 아름답고도 장엄한 풍경입니까!

2. How pleased and moved I was to see that movie!
그 영화를 보고 제가 얼마나 기뻤으며 또 감동을 받았는지요!

3. It's a gorgeous day, today!
오늘 날씨가 기막히게 좋군요!

4. Last year's college festival was fantastic!
작년의 대학축제는 환상적이었어요!

5. After a long flight over 20 hours, we were completely tired!
20 시간이 넘는 장시간 비행 후 우리는 완전히 지쳐버렸어요!

6. Wow! I love all kinds of Mexican things: foods or clothes!
와! 저는 멕시코 물건이라면 무엇이든 다 좋아하지요. 음식이건 옷이건!

2-4. 기원문(Optative Sentence)

소원이나 희망을 나타내는 문장

예 1. May God bless you, your family, and your fatherland!
신의 축복이 당신과 당신의 가족과 당신의 조국에 내리시길!

2. May you have a very happy married life!
당신의 결혼 생활이 정말로 행복하시길!

3. Long live the Queen!
여왕폐하 만세!

4. May all these fallen soldiers rest in peace!
모든 전사자들께서 고이 영면하시길!

연습문제 9

A. 〈보기〉와 같이 각 유형별로 문장을 써 보시오.

1. 진술문

〈보기〉 We spend too much time and money in learning English.

(1) ______________________________

(2) ______________________________

(3) ______________________________

2. 의문문

a. 〈Yes/No 의문문〉

〈보기〉 Do they cook for themselves at dormitory?

(1) ______________________________

(2) ______________________________

(3) ______________________________

b. 〈WH-의문문〉

〈보기〉 <u>What</u> is the thesis of your paper?

(1) ______________________________

(2) ______________________________

(3) ______________________________

〈보기〉 <u>Who</u> is your teacher of the two men wearing black coats?

(1) ______________________________

(2) ______________________________

(3) ______________________________

〈보기〉 <u>Where</u> did you put your passport and ticket?

(1) ______________________________

(2) ______________________________

(3) ______________________________

〈보기〉 When did your class visit this historic place recently?

(1) ____

(2) ____

(3) ____

〈보기〉 Why are these boys late for school every day?

(1) ____

(2) ____

(3) ____

〈보기〉 How far is the bus terminal from here?

(1) ____

(2) ____

(3) ____

3. 감탄문

〈보기〉 What a generous man your father is!

(1) ____

(2) ____

(3) ____

4. 기원문

〈보기〉 May your days be merry and bright!

(1) ____

(2) ____

(3) ____

제3장 동사의 시제, 서법, 태

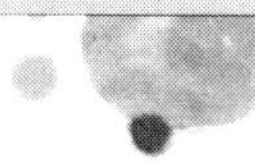

1. 시제(Tense)

1-1. 단순 시제(Simple Tense)
1-2. 완료 시제(Perfect Tense)
1-3. 진행 시제(Progressive Tense)

영어의 시제에는 **12가지**가 있다. 이를 도표로 표시하면 아래와 같다.

단순시제	완료시제	진행시제	완료진행시제
현 재	현재완료	현재진행	현재완료진행
과 거	과거완료	과거진행	과거완료진행
미 래	미래완료	미래진행	미래완료진행

"I write letters." 라는 문장을 위의 도표에 맞춰 쓰면 다음과 같다.

I **write** letters.	I have **written** letters.	I am **writing** letters.	I **have been writing** letters.
I **wrote** letters.	I had **written** letters.	I was **writing** letters.	I **had been writing** letters.
I **will write** letters.	I **will have written** letters.	I **will be writing** letters.	I **will have been writing** letters.

Notice
미래완료, 미래 진행, 완료진행시제(현재완료진행, 과거완료진행, 미래완료진행) 등은 격식을 갖춘 문어체 외에는 거의 사용하지 않는다. 따라서 일반적으로 사용하는 시제는 **현재, 과거, 미래, 현재완료, 과거완료**, **현재진행, 과거진행** 등 **7 가지**이다.

1-1. 단순 시제(Simple Tense)

〈현재〉

예 1. His large family **lives** in this small apartment. **(현재의 상태)**

그의 대 가족은 이 작은 아파트에 살고 있다.

2. He **commutes** everyday from Seoul to Chunchon. **(현재의 동작)**

그는 매일 서울에서 춘천으로 통근을 한다.

3. The Earth revolves on its own axis once every 24 hours.

지구는 매 24시간에 한 번 씩 자전을 한다. **(일반적 사실)**

4. In 1939 Adolf Hitler **attacks** Poland. **(역사적 현재)**

아돌프 히틀러는 1939년에 폴란드를 침공한다.

(역사적 현재는 과거의 사건이지만 현재형을 써서 나타냄.)

5. If she **comes** back, I will tell her the truth. **(미래를 나타내는 현재)**

만약 그녀가 돌아온다면, 나는 그녀에게 진실을 말할 것이다.

*시간을 나타내는 조건절에서 미래대신 현재형 사용(71쪽을 보라.)

〈과거〉

동사의 과거형은 규칙변화 또는 불규칙변화를 따른다. 사전을 참고하라.

예 1. At the time, we **were** in the restaurant next to their office.

그 당시 우리는 그들의 사무실 옆 식당에 있었다. **(과거의 상태)**

2. She **found** the original copy of the book in a used-book store.

그녀는 헌책방에서 그 책의 원본을 찾아냈다. **(과거의 동작)**

3. They **used** to take a walk around the lake every evening.

그들은 매일 저녁 호숫가를 거닐곤 했다. **(습관적 동작)**

〈미래〉

영어 동사에 미래형은 없고, 조동사 shall 또는 will과 함께 미래를 나타낸다.

(1) 단순미래: 미래의 사건이 화자의 의도나 자발성 등과 관계없는 경우

예 1. Tomorrow will be Saturday.
내일은 토요일이 될 것이다.

2. My father will be ninety-nine next year.
우리 아버지는 내년에 99세가 되실 것이다.

3. I shall be the senior student the next March.
나는 내년 3월에 대학 4학년이 될 것이다.

4. Their 40th wedding anniversary will come soon.
그들의 40주년 결혼기념일이 곧 돌아올 것이다.

5. The fog will be cleared by noon at least.
안개는 적어도 정오까지는 걷힐 것이다.

(2) 의지미래: 미래의 사건이 화자의 의도나 자발성 등을 나타내는 경우

예 1. I will go to Alaska no matter what you may say.
나는 당신이 뭐라 하든 상관없이 알래스카에 갈 것이다.

2. We will finish the race at all costs.
우리는 어떤 경우에도 이 경주를 마칠 것이다.

3. What shall we do if it rains on the sports day?
체육대회 날에 비가 온다면 어떻게 할 것인가?

4. He will accept the job offer of this company.
그는 이 회사의 고용 제의를 수용할 것이다.

5. She will reject the old man's tenacious proposal.
그녀는 그 늙은 남자의 끈질긴 구혼을 거절할 것이다.

1-2. 완료 시제 (Perfect Tense)

〈현재완료〉

과거 어느 시점으로부터 현재까지 동작이 지속되거나, 동작이 방금 완료된 것, 과거의 경험 등을 나타낸다.

예 1. We **have known** each other **for** five years **(동작의 지속)**
우리는 5년 간 서로 알고 지내 왔다.

2. They **have** just **finished** the research project. **(동작의 완료)**
그들은 그 연구 과제를 방금 끝마쳤다.

3. That little girl **has been** in the Rep. of South Africa. **(경험)**
그 어린 소녀는 남아프리카 공화국에 가 본 적이 있다.

4. He **has** never **been** to big cities in his long lifetime. **(경험)**
그는 긴 생애동안 대도시에 가 본 적이 한 번도 없다.

〈과거완료〉

과거 어느 시점을 기준으로 하여 그보다 앞선 시점에 동작이 완료되었거나, 과거부터 그 시점까지 동작이나 상태가 지속됨을 나타낸다.

예 1. He told me that he **had** already **finished** the writing. **(동작의 완료)**
그는 글쓰기를 이미 마쳤었다고 내게 말했다.

2. When she arrived the station, the train **had** already **left.**
그녀가 역에 도착했을 때, 기차는 벌써 떠나고 없었다. **(동작의 완료)**

3. The concert **had started** before we arrived the music hall.
우리가 음악회장에 도착하기 전에 음악회는 시작되었다. **(동작의 완료)**

4. They **had lived** in that house for a very long time. **(동작의 지속)**
그들은 그 집에서 매우 오랜 세월동안 살아 왔었다.

〈미래완료〉

미래의 어느 시점까지 동작이나 상태가 완료 또는 지속됨을 나타낸다.

예 1. You **will have heard** the news by 9 o'clock pm. **(동작의 완료)**

당신은 저녁 9시까지는 그 소식을 (이미) 듣고 있을 것이다.

2. The car **will have reached** here before the midnight. **(동작의 완료)**

그 자동차는 자정이 되기 전까지는 이곳에 도착해 있을 것이다.

3. I **shall have lived** in the Philippines for thirty years by the end of this month. **(상태의 지속)**

나는 이달 말까지 필리핀에(산다면 통산) 30년 체류하는 것이 될 것이다.

1-3. 진행 시제 (Progressive Tense)

일정한 시점을 기준으로 한정된 기간 동안 진행되는 동작이나 상태를 주로 나타내며, 그밖에도 아래와 같이 다양한 용법들이 있다.

예 1. He visited Seoul and **is living** in Chosen Hotel. **(동작의 진행)**

그는 서울에 와서 현재 조선 호텔에 머물고 있다.

2. Don't call me because I **am watching** the hatching of eggs now.

저를 부르지 마세요. 지금 계란의 부화과정을 지켜보고 있거든요.

3. When we entered the theater, he **was dancing** on stage.

우리가 극장 안으로 들어갔을 때, 그는 무대 위에서 춤을 추고 있었다.

4. We **were learning** how to use a new computer last week.

우리는 지난주에 새 컴퓨터 사용법을 배우고 있었다.

5. We **will be spending** the hot summer days in the mountains next year.

우리는 내년에는 뜨거운 여름날들을 산속에서 보내고 있을 것이다.

6. They started packing their lunch basket early in the morning, but they **are** still **working.** **(동작의 미완료)**

그들은 아침 일찍 점심 도시락을 싸기 시작했는데, 아직도 싸고 있다.

7. My grandmother **was** always **saying** that there was no place like home. **(습관/반복)**

우리 할머니께서는 집 같이 좋은 곳은 없다고 항상 말씀 하시곤 했다.

8. He **is going** to ring you from the station. **(미래)**

그가 역에서 당신에게 전화할 것입니다.

9. We **are leaving** this motel as soon as possible. **(결심)**

우리는 가급적 빨리 이 모텔을 떠나려고 한다.

10. I'm **not spending** a penny for this picture. **(강한 의지)**

나는 이 그림에는 돈을 한 푼도 쓰지 않을 것이다.

연습문제 10

A. 괄호 안의 동사를 적절한 시제로 바꾸어 아래의 빈칸을 채우시오.

1. Last year, we __________ a small island in the middle of the lake. **(see)**
2. Now he ______________ in London separated from his family. **(live)**
3. What ____________ we ____________ if we arrive there too late? **(do)**
4. If it ____________ tomorrow, we will cancel outdoor activities. **(snow)**
5. My sister _____________ thirty-nine next year. **(be)**
6. In 1798 Wordsworth and Coleridge __________ *Lyrical Ballads*. **(publish)**
7. When I was young, I _____________ to go to the river to swim. **(use)**
8. The mist ________________ by noon. **(disappear)**
9. The Pyramid in Egypt _____ one of the seven wonders of the world. **(be)**
10. We ___________________ that castle no matter what happens. **(visit)**

B. 현재완료, 과거완료, 미래완료 중 알맞은 시제를 사용하여 아래의 밑줄 친 부분의 우리말을 영어로 옮기시오.

1. I ____ since they moved to this city.

(그의 가족과 알고 지내고 있다)

2. He ____ before sunset.

(문을 닫아 버리게 될 것이다)

3. ______________________________

(당신은 흑해에 가본 적 있는가?)

4. I told them that I ______________ before they came.

(그 소식을 들었었다)

5. They ______________ by tomorrow night.

(집으로 돌아와 있게 될 것이다)

6. They ______________ until last year.

(서로 만나고 있었다)

7. He ______________ with a celebrity.

(그의 인터뷰를 막 끝냈다)

8. I ______________ in Dallas for ten years by next year.

(살아온 셈이 될 것이다)

9. When we entered the hall, he ______________.

(그의 연설을 벌써 시작했었다)

10. I ______________, but I guess it must be very exciting.

(그것을 경험해 본 적은 없다)

C. 괄호 안에 주어진 진행 시제를 사용하여 다음의 우리말을 영어로 옮기고, 동사의 시제에 밑줄을 그으시오.

1. 우리가 그를 보았을 때, 그는 무대 위에서 노래를 하고 있었다. **(과거진행)**

____

2. 나는 지금 영어 회화를 연습하는 중이다. **(현재진행)**

____

3. 우리는 내년 이맘 때 쯤 어느 스키 휴양지에 머물고 있을 것이다. **(미래진행)**

____

4. 그는 일주일 전에 미국으로 떠났고, 지금은 모텔에서 지내고 있다. **(현재진행)**

____

5. 네가 내 방문을 열었을 때, 나는 새 블라우스를 입어보고 있었다. **(과거진행)**

____

6. 그는 한 시간 전에 그림조각 퍼즐을 시작했는데, 아직도 하고 있다. **(현재진행)**

---

7. 네가 십년 후에 무슨 일을 하고 있을 지 궁금하다. **(미래진행)**

---

8. 나는 가급적 빨리 이 복잡한 도시를 떠날 것이다. **(현재진행)**

---

9. 그는 건강이 가장 중요하다고 항상 말씀하셨다. **(과거진행)**

---

10. 그의 팬들은 그를 만나기 위해 공항에서 기다리고 있을 것이다. **(미래진행)**

---

2. 서법(Mood)

2-1. 직설법(Indicative Mood)
2-2. 명령법(Imperative Mood)
2-3. 가정법(Subjunctive Mood)

영어의 서법에는 직설법, 명령법, 가정법 등 세 가지가 있다.

2-1. 직설법(Indicative Mood)

화자가 자신의 주관적 감정을 개입하지 않고 사실을 객관적으로 기술하는 방법으로서 대부분의 진술문이 직설법의 형태를 띤다.

예 1. The frightened boy called (out) for help on a stormy day.
폭풍우가 부는 날, 겁에 질린 소년이 도움을 청하여 크게 외쳤다.

2. The rain comes mainly at night in this place.
이 장소에서는 비가 주로 밤에 내린다.

3. Korea is a country with a long history and its cultural heritage.
한국은 긴 역사와 문화유산을 가진 나라이다.

4. People are divided into two groups: the just and the unjust.
   사람들은 정의로운 자와 불의한 자의 두 부류로 나뉜다.
5. After her husband's death, she became CEO of the company.
   (CEO: Chief Executive Officer의 약자)
   남편의 죽음 이후 그녀는 그 회사의 책임자가 되었다.

2-2. 명령법(Imperative Mood)

명령법은 화자의 명령이나 요구를 나타내는 동사의 형태를 말하며, 명령법이 사용된 문장을 명령문이라고 한다. 명령문에서는 일반적으로 주어를 생략한다.

(1) 직접명령문

예
1. Please answer this question right now.
   이 문제에 즉시 답하세요.
2. Try to avoid wars against the North Korea at all costs.
   어떤 대가를 치르든지 북한과의 전쟁을 피하도록 노력하세요.
3. Visit the famous Edinburgh Castle when you go to Scotland.
   스코틀랜드에 가면, 저 유명한 에든버러 성을 방문하세요.
4. Don't forget to open the window occasionally to get fresh air.
   신선한 공기를 얻기 위해 이따금 창문을 여는 것을 잊지 마세요.
5. Don't bother me; instead, mind your own business.
   나를 성가시게 하지 말고, 그 대신 당신 일이나 잘하세요.

(2) 간접명령문

예
1. Let everybody know that I do not take bribes.
   내가 뇌물을 받지 않는다는 것을 모두에게 알리세요.
2. Let him get out of this classroom.
   그를 이 교실에서 내보내도록 하세요.

3. Let me have another cup of coffee.
   커피 한 잔 더 주세요.
4. Let the child finish his homework before he goes to bed.
   그 아이가 잠자리에 들기 전에 숙제를 다 마치도록 하세요.
5. Let us know the result of the final interview as soon as possible.
   최종 면접의 결과를 가급적 빨리 알려주세요.

(3) 부정명령문

예 1. Don't be late for the meetings from now on.
   앞으로는 회의에 늦지 마세요.
2. Don't be afraid of anything at all; everything is going well.
   전혀 아무 것도 두려워하지 마세요. 모든 일이 잘되고 있거든요.
3. Don't go outside alone after midnight in this dangerous district.
   이 위험한 구역에서는 자정 이후에 혼자 외출하지 마세요.
4. Stop smoking not only for yourself, but also for your family.
   당신 자신 뿐 아니라 당신의 가족을 위해서도 담배를 끊으세요.
5. Don't speak too fast in the public speech like this.
   이와 같은 대중연설에서는 말을 너무 빨리하지 마세요.

(4) 수동명령문

예 1. Get your project done by the day after tomorrow.
   당신의 프로젝트가 모레까지는 끝나도록 하세요.
2. Let it be known that we opened a branch in China last August.
   우리가 작년 8월에 중국에 지부를 하나 개설했다는 것을 알리세요.
3. Don't be cajoled by her flattery; she flatters everybody.
   그녀의 아첨에 넘어가지 마세요. 그녀는 모두에게 아첨을 하니까요.

4. Be guided by your feelings, and let your love be known to her before it's too late.
당신의 느낌에 따라 행동하세요, 그리고 너무 늦기 전에 당신의 사랑이 그녀에게 알려지게 하세요.

5. Don't let other people be involved in your ridiculous plan.
다른 사람들이 당신의 우스꽝스러운 계획에 포함되지 않게 하세요.

2-3. 가정법(Subjunctive Mood)

화자가 자신의 소망, 욕구, 의심, 기대, 미련, 가능성, 불가능성 등 주관적 감정을 표출하는 것이 특색이다. 가정법들 중 학생들의 작문에서 많이 다루어지는 것들만을 살펴보기로 한다.

(1) 실현가능성이 있는 경우: 가정법 현재
실현가능성이 있는 가정법 문장은 직설법으로 대체가 가능하다.

예 If he **be** rich, he **can buy** the car. **(격식 갖춘 문어체)**
If he **is** rich, he **can buy** the car. **(일반적 경우)**
그가 부자라면, 차를 살 수 있겠지.

(2) 실현가능성이 없는 경우: 가정법 과거 또는 과거완료
가정법은 주로 실현 불가능성이나 비현실성을 나타내기 위해서 사용한다.

〈가정법 과거〉
현재 사실에 반대되는 것을 가정하는 것으로서, "**. . . 라면, . . . 일 텐데**" 사실은 그렇지 못한 상태를 강조한다.

예 **1.** If I **were** rich, I **could buy** the car.
(과거) (could, might, would + 동사원형)

내가 부자라면 차를 살 수 있을 텐데.

(사실은 부자가 아니므로 차를 살 수 없다는 점을 강조)

***조건절의 'Be동사'는 인칭과 수에 관계없이 모두 'were'가 된다.**

2. If I **were** a bird, I **could fly** in the sky.

   내가 새라면 하늘을 날 수 있을 텐데.

3. If you **went** to that museum, you **could see** the original copy of the book.

   네가 그 박물관에 가기만 하면 그 책의 원본을 볼 수 있을 텐데.

4. If the director **came**, the situation **might be** different.

   감독이 오기만 하면 그 상황은 달라질 텐데.

〈가정법 과거완료〉

과거 사실에 반대되는 것을 가정하는 것으로서, " **. . . 했더라면, . . . 했을 텐데**" 사실은 그렇지 못했음을 강조한다.

예 **1.** If I **had been** rich, I **could have bought** the car.
(과거완료) **(could, might, would + 현재완료)**

내가 부자였다면 차를 살 수 있었을 텐데.

(사실은 부자가 아니었으므로 차를 살 수 없었다는 점을 강조)

2. If I **had studied** harder, I **would have passed** the test.

   내가 좀 더 열심히 공부했더라면 그 시험에 통과했을 텐데.

3. If they **had passed** the bill, the tax problem **would have been solved**.

   그들이 그 안을 통과시켰더라면 세금문제는 해결되었을 텐데.

4. If he **had arrived** earlier, he **would have been** on his mother's deathbed.

   그가 조금만 더 일찍 도착했더라면 어머니의 임종을 할 수 있었을 텐데.

3. 태(Voice)

3-1. 능동태(Active Voice) 3-2. 수동태(Passive Voice)

영어의 태는 동작을 '하느냐' 혹은 '받느냐(입느냐)'에 따라서 능동태와 수동태로 나뉜다. 수동태는 동작의 행위자가 불분명하거나 중요하지 않은 경우 (예. 실험결과가 실험자보다 더 중요한 과학 논문 등)에 주로 사용된다.

3-1. 능동태(Active Voice): 주어 + 동사 + 목적어

예 1. The whole class passed the comprehensive examination.

2. The ball hit the child playing on the ground.

3. All the members of the committee loved their director.

4. We took the picture book which was on display in the shop window.

5. They changed their original plan several times.

3-2. 수동태(Passive Voice): 주어 + 'Be+과거분사' + 'by+동작의 주체'

예 They rejected his application for admission. **(능동태)**

S V O

His application for admission **was rejected** **by** them. **(수동태)**

S (be+과거분사) (동작의 주체)

위의 예문에서처럼, 능동태를 수동태로 바꾸면, 주어와 목적어가 서로 바뀌어 능동태의 목적어가 수동태의 주어가 된다. 능동태의 주어는 수동태의 동작의 주체가 되어 'by' 다음에 온다. 동작의 주체가 일반적인 주어인 경우는 〈by+ 〉를 생략하기도 한다.

예 1. This music **was composed** and **played by** a famous scientist.

2. The five-year-old girl **was run by** the speeding car.

3. The lodestar **has been used** as a guide **by** sailors.

4. Those highways and bridges **were constructed by** the Romans.

5. Personal Computers **are used (by** people) everywhere.

연습문제 11

A. 아래의 우리말 명령문을 영어로 옮기시오.

1. 이 소포를 즉시 뉴욕으로 보내 주세요.

____

2. 수업시간에 가능한 한 많은 질문을 하세요.

____

3. 그 어린아이들을 이 극장으로 들여보내세요.

____

4. 그가 금메달을 탔다는 소식을 모두에게 알리세요.

____

5. 그 도시에서는 낯선 사람에게 말을 걸지 마세요.

____

6. 밤 10시 이후에는 저에게 전화하지 마세요.

____

7. 이 백화점에서는 식품을 사지 마세요.

____

8. 그 집의 대문을 활짝 열어두세요.

____

9. 초고가 모레까지는 완성되게 하세요.

____

10. 이 종이를 검은 선을 따라서 자르고, 조각들을 한데 붙이세요.

____

B. 가정법 과거를 사용하여 아래의 우리말 문장을 영어로 옮기시오.

1. 내가 너라면 그렇게 행동하지는 않을 텐데.

____

2. 그녀가 겸손하기만 하면 아이들에게 더 좋은 엄마가 될 텐데.

3. 너는 용감하기만 하면 그 전쟁에서 이길 텐데.

4. 시간과 돈이 충분하다면 내가 그 프로젝트를 완성할 수 있을 텐데.

5. 그녀가 이 사고를 알게 되면 크게 충격을 받을 텐데.

6. 그가 후식만 먹지 않는다면 체중을 줄일 텐데.

7. 내가 부자라면 대학교를 하나 세울 텐데.

8. 그들이 서로 대화를 나눈다면 쉽게 화해할 수 있을 텐데.

9. 그녀가 내 요청을 받아들여준다면 정말 행복할 텐데.

10. 우리가 가까이 산다면 매일 만날 텐데.

C. 가정법 과거완료를 사용하여 아래의 우리말 문장을 영어로 옮기시오.

1. 그의 부모님이 살아계셨더라면 그가 그렇게 열심히 일하지 않았을 텐데.

2. 내가 컴퓨터게임에 시간을 낭비하지 않았더라면, 학업평점이 더 높았을 텐데.

3. 네가 조금만 더 일찍 도착했더라면, 그 팀을 만날 수 있었을 텐데.

4. 그들이 좀 더 사려 깊었더라면 그렇게 빨리 이혼을 하지 않았을 텐데.

5. 내가 그의 처지를 알았더라면 장학금을 그에게 양보했을 텐데.

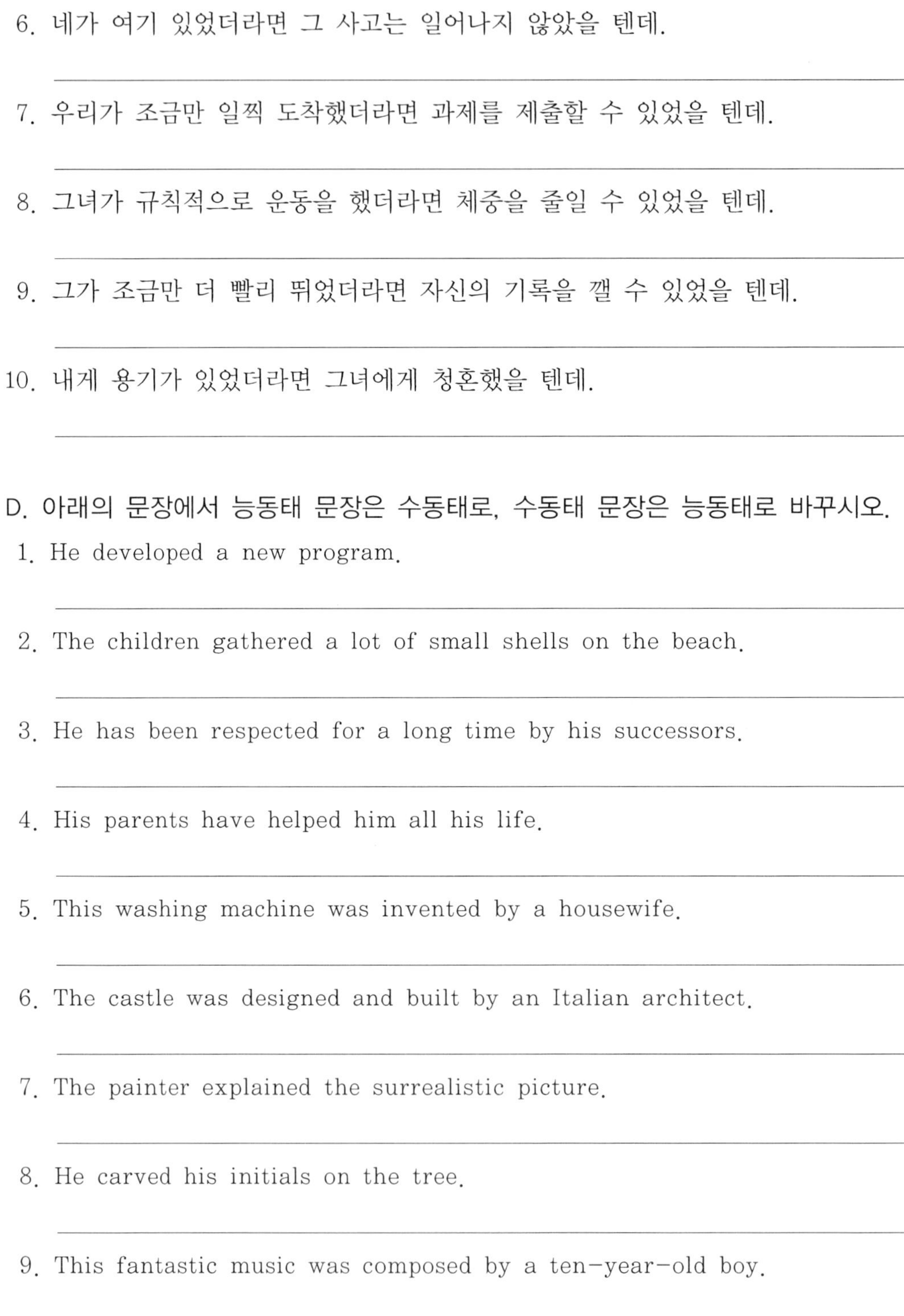

6. 네가 여기 있었더라면 그 사고는 일어나지 않았을 텐데.

7. 우리가 조금만 일찍 도착했더라면 과제를 제출할 수 있었을 텐데.

8. 그녀가 규칙적으로 운동을 했더라면 체중을 줄일 수 있었을 텐데.

9. 그가 조금만 더 빨리 뛰었더라면 자신의 기록을 깰 수 있었을 텐데.

10. 내게 용기가 있었더라면 그녀에게 청혼했을 텐데.

D. 아래의 문장에서 능동태 문장은 수동태로, 수동태 문장은 능동태로 바꾸시오.

1. He developed a new program.

2. The children gathered a lot of small shells on the beach.

3. He has been respected for a long time by his successors.

4. His parents have helped him all his life.

5. This washing machine was invented by a housewife.

6. The castle was designed and built by an Italian architect.

7. The painter explained the surrealistic picture.

8. He carved his initials on the tree.

9. This fantastic music was composed by a ten-year-old boy.

10. His character has been moulded by his experiences in life.

____

11. The people remember him and his family even today.

____

12. The latest statistics backed up our assertions.

____

13. A subtle change in his manner was perceived by her.

____

14. Fire destroyed the Crystal Palace in 1936.

____

15. The information they needed was retrieved by the computer.

____

제4장 틀리기 쉬운 문법

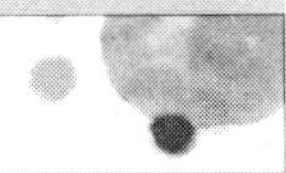

1. Fragments

영어 문장은 **주어+동사**로 구성된다. "Open the door."같은 명령문도 사실은 "**You, open the door.**"에서 명령을 받는 주체(You)가 생략된 것이다. 문장에서 주어나 동사가 없는 비문(非文)을 '**Fragment**'라고 한다. 아래의 예문에서 '**Rev**'는 바로잡음(Revised)의 약자이다.

(1) 주어가 없는 경우

예 1. Came into the classroom when the bell rang.

Rev **All the students** came into the classroom when the bell rang.

2. Using computing machines in the mathematics class.
('Using'이 **현재분사**)

Rev **They are using** computing machines in the mathematics class.

or **They use** computing machines in the mathematics class.

3. Discussed her future plans with her family.

Rev **She** discussed her future plans with her family.

(2) 동사가 없는 경우

예 1. An old castle on the top of the hill.

Rev An old castle **is** on the top of the hill.

2. Using computing machines in the mathematics class.
('Using'이 **동명사**)

Rev Using computing machines in the mathematics class **is forbidden**.

3. I, with my parents.

Rev I **talked** with my parents.

(3) 주어와 동사가 모두 없는 경우

예 1. On the roof of the house.

Rev **A TV antenna was** on the roof of the house.

2. In charge of many important cases.

Rev **The lawyer was** in charge of many important cases.

3. Such as apples, bananas, oranges, and pears.

Rev **People like fruits** such as apples, bananas, oranges, and pears.

4. I like foreign languages. Such as English, Chinese, and French.

Rev I like foreign languages**, such** as English, Chinese, and French.

(Fragment를 앞 문장에 연결)

or I like foreign languages. **They are** English, Chinese, and French.

(Fragment를 완전한 문장으로 수정)

(4) 종속절 또는 관계절만 있는 경우

접속사나 관계사로 절(Clause)과 절을 연결하는 경우, '주어+동사'의 단위 수가 접속사 수보다 하나 더 많아야 한다.

(S1 V1 + 접속사 + S2 V2 // 접속사 + S1 V1, S2 V2)

예 1. **If** you want to be an honor student.

Rev **If** you want to be an honor student**, you have to study hard.**

2. **When** I was young.

Rev **When** I was young**, I was very sensitive and shy.**

3. I was absent from the meeting. **Because** I was sick.

Rev I was absent from the meeting, **because** I was sick.

or **Because** I was sick, I was absent from the meeting.

or I was sick**, so** I was absent from the meeting.

4. They passed the bill forcibly. **Which** was wrong.

Rev They passed the bill forcibly, **which** was wrong.

or They passed the bill forcibly. **It** was wrong.

Notice
위의 용례들에서 보듯, Fragment를 수정하기 위해서는, ①누락된 요소를 삽입하거나, ②'fragment'를 주절에 연결시키거나, ③종속접속사를 빼고 필요한 어구를 삽입한다.

2. Comma Splices와 Fused Sentences

'**Comma Splice**'는 쉼표(콤마)를 사용하여 두 절을 연결하는 것이며, '**Fused Sentence**'는 접속사나 적절한 구두점 없이 두 절을 연결하는 것으로서, Comma Splice와 Fused Sentence는 모두 오류이다. Fused Sentence를 다른 말로 '**Run-on**'이라고도 한다.

(1) Comma Splice와 Fused Sentence (이하 CS와 FS로 표기함)

예 **1. CS** The roads were slippery, many car accidents happened.

FS The roads were slippery many car accidents happened.

CS와 FS를 바로잡는 방법들에는 다음의 4 가지가 있다.

4 Revisions

The road was slippery**, so** many car accidents happened. **(쉼표와 접속사)**

The road was slippery; many car accidents happened. **(세미콜론)**

The road was slippery**. Many** car accidents happened. **(마침표)**

The road was **so** slippery **that** many car accidents happened. **(종속접속사)**

예 **2.**

CS He studied very hard, he failed in the final test.

FS He studied very hard he failed in the final test.

Rev He studied very hard, **but** he failed in the final test.

or He studied very hard; he failed in the final test.

or He studied very hard**. He** failed in the final test.

or **Although** he studied very hard, he failed in the final test.

예 **3.**

CS Her family lives in Seoul, it takes an hour by car from here.

FS Her family lives in Seoul it takes an hour by car from here.

Rev Her family lives in Seoul, **and** it takes an hour by car from here.

or Her family lives in Seoul; it takes an hour by car from here.

or Her family lives in Seoul. **It** takes an hour by car from here.

(2) 접속사로 혼동하기 쉬운 부사(구)

아래의 부사(구)들은 접속사로 혼동하기 쉬우나 **접속사가 아니다**. 두 절을 연결하는 경우, 이 부사(구)들 앞에 반드시 접속사나 세미콜론이 와야 한다.

〈부사〉

accordingly	again	also	anyhow	anyway
besides	eventually	consequently	finally	first
furthermore	hence(forth)	however	incidentally	indeed
instead	likewise	meanwhile	moreover	nevertheless
next	otherwise	similarly	still	then
therefore	thus	too		

〈부사구〉

after all	as a result	as shown above
at any rate	at the same time	at the present time
at this point	by the way	even so
for example	for this reason	in addition
in any case	in brief	in conclusion
in either case	in fact	in general
in other words	in short	in spite of
in the first place	in the second place	of course
on the contrary	on the other hand	on the whole
sooner or later	to begin with	to sum up

예 1.

CS My office is very small, however, it is comfortable.

FS My office is very small however, it is comfortable.

Rev My office is very small; **however,** it is comfortable.

or My office is very small. **However,** it is comfortable.

예 2.

CS These birds are very rare, therefore, they are protected.

FS These birds are very rare therefore, they are protected.

Rev These birds are very rare; **therefore,** they are protected.

or These birds are very rare, **and therefore,** they are protected.

or These birds are very rare. **Therefore,** they are protected.

예 3.

CS English helps you a lot, for example, it helps you (to) get a job.

FS English helps you a lot for example, it helps you (to) get a job.

Rev English helps you a lot; **for example**, it helps you (to) get a job.

or English helps you a lot. **For example**, it helps you (to) get a job.

연습문제 12

A. 아래의 Fragment를 올바른 문장으로 고치고, 그 부분에 밑줄을 그으시오.

1. A small cabin in the middle of the green field.

____

2. The choir unaccompanied by musical instrument.

____

3. Those who work in this company.

____

4. Ran out of the building when the fire alarm sounded.

____

5. All in your imagination.

6. Glowing with health and happiness.

7. On the bridge across the river.

8. He likes sports. Such as baseball, basketball, and volleyball.

9. They sang a lot of songs. Using their hands.

10. If you have confidence in using English.

11. As soon as he graduated from highschool.

12. We didn't go out. Because it was very late.

13. This is the movie. Which I told you about before.

14. My brother is looking for a new job. Preferably an office worker.

15. For example, traveling, reading books, and listening to music.

B. 아래의 단락에서 Fragment에 밑줄을 그은 후, 그 부분을 바르게 고치시오.

Because Americans come from varied backgrounds. Many Americans lack full social graces. And have remarkably small vocabularies. Don't think they are rude. If they speak in monosyllables. Or answer briefly. Their brevity is not a personal insult. Though they may seem blunt to those used to gracious phrases.

C. 아래의 Comma Splice 또는 Fused Sentence를 바르게 고치시오.

1. The day came, luxurious cars arrived in front of the hotel.

____

2. It was his birthday, of course, we had a surprise for him.

____

3. He walked all day, he became very tired.

____

4. We went to the restaurant all the tables were taken.

____

5. I thought he enjoyed his new job on the contrary, he hated it.

____

6. The floor was slippery I fell down with my face on it.

____

7. It wasn't exactly what I wanted it turned this way.

____

8. The boy was a playful child therefore, his mother tried to keep him busy all day.

____

9. The door flew open, her father stood with a big smile on his face.

____

10. It is natural to do wrong things these things can change our lives.

____

3. 일치법(Agreement)

3-1. 주어-동사의 일치(Subject-Verb Agreement) 3-2. 대명사-선행사의 일치(Pronoun-Antecedent Agreement) 3-3. 시제의 일치(Tense Agreement)

3-1. 주어-동사의 일치 (Subject-Verb Agreement)

문장에서 동사는 주어의 인칭과 수(단수 혹은 복수)와 일치해야 한다.

예 1. The **book is** written in English.

2. The **books are written** in English.
3. There **is a** big **house** on the hill.
4. There **are** many computer-related **jobs** in the world today.

*주어-동사 일치에서 주의를 요하는 경우

(1) 주어와 동사 사이에 수식어구가 올 때

예 1. The **rhythm** of the waves **is** relaxing.

2. The **students** of this famous university **are** really smart and sincere.
3. The **box** full of sweet candies **is** on the table.
4. The **books** in the brown box **are** my brother's.

(2) 둘 이상의 주어가 'and'로 연결되었을 때

예 1. His **mother** and **his wife hate** each other.

2. Your **father** and **I are** very close friends.
3. **Green** and **yellow are** my favorite colors.

(3) 'S'로 끝나지만 단수 취급을 하는 명사가 주어로 올 때

예 1. **Physics is** a required subject in this Department.

2. TV **news is** sometimes exaggerated.

3. **Aerobics** is really popular among old ladies.

***그 밖의 예: billiards, economics, electronics, mathematics 등**

(4) 'or,' 'either . . . or,' 'neither . . . nor'가 사용되는 경우, 동사는 바로 앞의 주어와 일치

예 1. I don't know if Mary or her **sisters are** at home.

2. Either you or your **husband is** responsible for this mistake.

3. Neither John nor his **children were** in the camp last night.

(5) 단수 취급을 하는 대명사가 주어일 때

예 1. **Either** of the two boys **was** reluctant to leave.

2. **Each** of these laboratories **has** a computer.

3. **Everyone** in our department **enjoys** listening to music.

*그 밖의 예:

someone, somebody, something, that, neither, everybody, everything, this, whoever, no one, nobody 등

(6) All, any, some, none, half, most와 같은 대명사들의 경우, 단위(unit)나 양(quantity)은 단수로, 개체의 합은 복수로 나타냄

예 1. **All is** well, that ends well.

These are my students: **all are** very good.

2. The bank does not accept all the money because **some was** foreign.

My sister has many foreign dolls: **some are** very rare and valuable.

3. In spite of this hot weather, **none** of the food **is** spoiled.

In this elementary school, **none** of the children **are** maltreated.

(7) 집합명사의 경우, 집단은 단수로, 개별 항목이나 개체는 복수로 나타냄

예 1. **Two million gallons is** a lot of water.

Two million gallons of water **were** spilled.

2. The **majority is** very large.

The **majority** of us **are** Koreans.

(8) 단수가 '–um,' 복수가 '–a'로 끝나는 단어들의 경우

예 1. Air is the **medium** that **conveys** sound.

2. The mass **media have** influenced the public opinion.

*그 밖의 예:

datum/data, bacterium/bacteria, auditorium/auditoria 등.

alumnus/alumni처럼 단수가 '-us,' 복수가 '-i'로 끝나는 단어도 있음.

3-2. 대명사-선행사의 일치(Pronoun-Antecedent Agreement)

대명사는 선행사와 수와 격이 일치해야 한다.

예 **1. Everybody** has to be responsible for **themselves**.

Rev **Everybody** has to be responsible for **himself.**

or **Everybody** has to be responsible for **herself.**

2. Each student has to submit **their** assignment.

Rev **Each** student has to submit **his** assignment.

or **Each** student has to submit **her** assignment.

3. Tom and Paul lost **his** suitcases in the airport.

Rev **Tom and Paul** lost **their** suitcases in the airport.

4. Did **Tom or Paul** lose **their** suitcase in the airport?

Rev Did **Tom or Paul** lose **his** suitcase in the airport?

3-3. 시제의 일치(Tense Agreement)

(1) 주절과 종속절의 시제 일치

예 **1.** I **like** football very much when I **was** a teenager.

Rev I **liked** football very much when I **was** a teenager.

2. Students **rushed** out of the hall when the lecture **is** over.

Rev Students **rush** out of the hall when the lecture **is** over.

or Students **rushed** out of the hall when the lecture **was** over.

(2) 시간을 나타내는 조건절에서 현재시제로 미래를 나타냄 (⇒ 71, 88쪽)

예 1. If it **rains** tomorrow, we **will** stay inside of the building.

2. If he **comes** in time, he will go with us.

(3) 주절의 시제가 과거일 때 종속절의 시제는 한 단계씩 앞서감

예 1. She **knows** that he **is** very smart.

⇒ She **knew** that he **was** very smart.

(현재 → 과거)

2. She **knows** that he **has been** very smart.

She **knows** that he **was** very smart.

She **knows** that he **had been** very smart.

⇒ She **knew** that he **had been** very smart.

(현재완료, 과거, 과거완료 →과거완료)

3. She **knows** that he **will be** very smart.

⇒ She **knew** that he **would be** very smart.

(미래→미래의 과거형)

연습문제 13

A. 아래의 문장에서 주어-동사가 일치하면 'OK'라고 쓰고, 불일치하면 틀린 동사를 알맞게 변형시켜 괄호 안에 써 넣으시오.

1.(   ) The actors of this theater is very famous in Asia.
2.(   ) Something have to be done before too late.
3.(   ) Neither their two sons nor their daughter was there.
4.(   ) Mathematics were my favorite subject when I was young.
5.(   ) Both you and your mother is responsible.
6.(   ) Either he or she have to be there.
7.(   ) Everybody know the answer to this easy question.
8.(   ) They, like their father, speaks very eloquently.
9.(   ) Unlike her sister, Jane and her boyfriend fights all the time.
10.(   ) Each of the members in this group wears in black.

B. 아래의 글에서 동사시제가 틀린 부분에 밑줄을 긋고 올바른 형태로 고치시오.

Miran Park is a Korean woman. She is born in San Francisco and lives there all her life. When she was young, her dream is to be a worldly famous pianist. When she was ten years old, she get the 1st prize in an International Young Artist Festival. By the time she graduates from college, she was already well-known in her country. But since her marriage, she didn't play the piano for years. Even though her husband still loved her very much, he doesn't want her to be famous. Once he said that if she were worldly famous, he wouldn't marry her. In addition, as a mother of three children, she had no time to practise. Especially each of her children are much talented, which meant that they all needs her special care and support. Perhaps she have to wait until they all grow up. Nonetheless, she always hoped that someday her dream come true.

4. 형용사와 부사 (Adjectives and Adverbs)

형용사와 부사는 크게 두 가지 문법적인 기능을 갖는다. 서술적 용법과 수식적 용법이 그것이다.

4-1. 형용사의 용법

(1) 서술적 용법

형용사가 서술어의 기능을 하는 경우를 말하며, 분사(현재 및 과거)가 형용사 역할을 하기도 한다.

예 1. All these boys and girls are **brave**.

2. Her voice is **attractive**.
3. They were **proud** of their sons and daughters.
4. The bride looked **happy**.
5. After they had lunch, they got **sick**.
6. These books are **fascinating**.
7. This movie is **exciting**.
8. All the windows were **broken** by the strong wind.
9. We were **ashamed** of our conduct.
10. The hostage was **bound** to the big chair.

(2) 수식적(한정적) 용법

형용사는 명사와 대명사를 수식하며, 대체로 수식하는 단어 앞에 온다. 분사(현재 및 과거)와 'to-부정사'가 형용사 역할을 하기도 하며, to-부정사는 수식하는 명사 뒤에 온다.

예
1. I prefer a **quiet** environment to a **noisy** one.
2. Please have some of this **delicious** apple pie.
3. The **old** man shouted to the **little** boy.
4. She has a **shining** face and **attractive** voice.
5. That is an **interesting** idea.
6. I don't know how to operate this **cooling** system.
7. At last, their **handicapped** child finished the race.
8. Be care of the **broken** glass on the street.
9. Please give him something **to eat**.
10. They have many works **to do.**

4-2. 형용사의 순서

여러 형용사로 한 단어를 수식할 때는 관습상 다음과 같은 순서를 따르되, 한 번에 3개 이상의 형용사를 사용하지 않는 것이 좋다.

1. **수(Number)** I have **five interesting** storybooks.
2. **특질(Quality)** Look at the **two beautiful** butterflies.
3. **크기/치수(Size)** There are **three pretty little** girls on the grass.
4. **모양(Shape)** Have you seen **those tiny round** tables?
5. **나이/연수(Age)** We can see **some big old** houses on this street.
6. **색깔(Color)** He saw an **antique brown** bag in the store.
7. **국적/지리(Nationality/Geography)** Jay loves a **young American** lady.
8. **종교(Religion)** We visited **many huge Catholic** churches in Rome.
9. **재료(Material)** She bought **two yellow silk** scarves yesterday.
10. **유형(Type)** They have **several wooden rocking** chairs.

4-3. 부사와 혼동하기 쉬운 형용사

(1) 부사처럼 'ly'로 끝나는 형용사

Friendly, cleanly, deadly, gentlemanly, motherly, fatherly, elderly, sisterly, brotherly, heavenly, earthly, manly, womanly, scholarly 등

예 1. We meet once a week to have a **friendly** talk.

2. They always admire his **gentlemanly** behavior.
3. His advisor never forgets to give him **fatherly** advice.
4. These girls sing like a **heavenly** choir of angels.
5. Pride is one of the seven **deadly** sins.

(2) 형용사 대신 부사를 쓰는 오용 사례

예 1. The English teacher looked **angrily**.

Rev The English teacher looked **angry**.

2. The man sitting under the tree seems **happily**.

Rev The man sitting under the tree seems **happy**.

3. The girl wearing the beautiful dress is **proudfully**.

Rev The girl wearing the beautiful dress is **proudful**.

4-4. 부사의 용법

(1) 서술적 용법

부사가 서술어의 기능을 하는 경우

예 1. We were **there** last month.

2. These people and their dogs are **alike**.
3. They didn't come **home** until very late.
4. Come and sit **over here**.
5. I haven't been **outdoors** all day.

(2) 수식적(한정적) 용법

부사는 동사, 형용사, 부사, 또는 문장 전체를 수식하며, to-부정사도 부사적 용법을 갖는다. 제1장의 예문들에서부터 다양한 형태의 부사 및 부사구가 이미 소개된 바 있으므로 그것들을 참고하기 바란다. 또한 종속접속사가 이끄는 종속절 전체가 부사의 역할을 한다. (⇒ 복문과 혼합문)

〈동사 수식〉

예 1. These young women talk **loudly**.

2. I arrived there **later** than usual.

3. The lady used to walk **gracefully**, but not anymore.

4. The whole class studied **to pass** the national examination.

5. He could hear the bird's song **from where he stood**.

('from where he stood'라는 전치사+부사절이 hear를 수식)

〈형용사 수식〉

예 1. Her niece is **outstandingly** smart.

2. It is **perfectly** ridiculous to say that.

3. The children are **unbelievably** wild.

4. The weather is **terribly** capricious these days.

5. We were happy **to see** you.

〈부사 수식〉

예 1. Sally is recovering **remarkably** fast.

2. They think **fairly** reasonably.

3. He's always done his job **extremely** well.

4. He used to talk **very** slowly.

5. She was behaving **quite** ordinarily.

〈문장 전체 수식〉

예 1. **Happily**, we all survived that accident.

2. **Maybe**, you are right.

3. **Certainly**, I will help you.

4. **Finally**, they all came home.

5. **Evidently**, they chose the wrong person.

4-5. 형용사와 부사형이 같은 단어들

Fast, hard, just, late, loud 등

예 1. He likes **fast** cars. (형: **빠른**)

She speaks **fast**. (부: **빨리**)

2. This rock is **hard**. (형: **딱딱한**)

He studies **hard**. (부: **열심히**)

cf. He **hardly** does anything these days. (부: **거의 . . 하지 않다**)

3. It was a **just** decision. (형: **공정한**)

He earns **just** enough for his needs. (부: **꼭**)

cf. He was **justly** punished. (부: **공정하게**)

4. I was **late** for the meeting. (형: **늦은**)

He stayed up **late** to watch TV. (부: **늦도록**)

cf. I haven't seen my sister **lately**. (부: **최근에**)

5. He doesn't like **loud** music. (형: **시끄러운/ 큰소리의**)

Don't speak so **loud**. (부: **큰소리로**)

연습문제 14

A. 아래의 빈칸에 알맞은 형용사/부사를 보기에서 골라 넣으시오.

〈보기〉 weak, pale, greasy, like, gray, chilly,
watery, every, leather, small, heavy, slender

The evening air was (1.) and (2.). After (3.) charge and thud of the football players the (4.) (5.) orb flew (6.) a (7.) bird through the (8.) light. He felt his body (9.) and (10.) amid the throng of the players and his eyes were (11.) and (12.).

B. 아래의 문장에서 밑줄 친 형용사의 순서를 바로 잡으시오.

1. They have never seen yellow, beautiful, these flowers.
2. He met his lover in a European, small, quiet coffee shop.
3. Her office is in a brown, hundred-year-old, stone building.
4. I want to buy comfortable, inexpensive, leather shoes.
5. Children love delicious, soft, this ice-cream.
6. The walls of the banqueting hall were hung with Oriental, red, fantastic tapestries.
7. The actress has blond, long, curly hair.
8. The forest is full of colorful, various, tropical plants and birds.
9. Many girls are attracted by young, rich, handsome men.
10. These are antique, glass, rare artifices my uncle bought in Greece.

C. 아래 빈 칸에 알맞은 형용사를 〈보기〉에서 골라 써 넣으시오.

〈보기〉 friendly, brotherly, manly, scholarly, heavenly,
motherly, womanly, earthly, sisterly, elderly

1. To overcome that struggle, all you need is ___________ courage.

2. Even in early age, she revealed her ____________ aptitude.
3. Don't pursue only ____________ desire and pleasure.
4. This area has a well-known resort for ____________ people.
5. These boys have a strong ____________ bond.
6. In this club, girls are united with a ____________ affection.
7. The soldiers were killed by __________ fire when the pilot thought they were the enemy.
8. She has been a ____________ old teacher to her students.
9. The sun, moon, and stars are ____________ bodies.
10. She showed a ____________ concern for the health of her group.

D. 아래의 두 문장에 공통으로 들어갈 형용사/부사를 보기에서 골라 써 넣으시오.

〈보기〉 easy, deep, high, wide, sharp,
cheap, round, slow, direct, clean

1. Fresh vegetables are not ____________ in the store.
   They sell their goods ____________ because they are on sale.
2. He changed into a ____________ sweater after exercises.
   I ____________ forgot the Friday meeting.
3. This river is really ____________.
   Drink ____________, or taste not the Pierian Spring.
4. I took a ____________ flight from Inchon to Honolulu.
   This train goes ____________ to Seoul.
5. The English exam was ____________.
   She said, "Just take it ____________."
6. That window is so ____________ that I can't reach it.
   He kicked the ball ____________ into the air.
7. This knife is very ____________.
   We will start at nine o'clock ____________.

8. She has a ____________ face.
   My head was spinning ____________ with all the troubles.
9. The process was long and ____________.
   They decided to work ____________.
10. The street isn't ____________ enough to get the car through.
    Please open your mouth ____________.

E. 아래의 빈 칸에 적합한 부사를 보기에서 골라 써 넣으시오.

〈보기〉 quietly, perfectly, very, importantly, peacefully, exactly, incredibly, aloud, increasingly, fortunately

1. She was (   ) nearly killed.
2. He is not (   ) stupid.
3. She is (   ) capable of running her own life.
4. He is an (   ) kind person.
5. (   ), the fire was discovered soon after it had started.
6. The light was lowered (   ).
7. In the wide playgrounds, all the boys were shouting (   ).
8. The baby is sleeping (   ) in the cradle.
9. I find it (   ) difficult to live within my income.
10. You must finish the work, and, more (   ), you must finish it on time.

5. 관사(Articles)

5-1. 부정관사(Indefinite Articles) 5-2. 정관사(Definite Articles) 5-3. 관사의 생략(Omission of Articles)

관사는 명사를 수식하는 일종의 수식어로서, 부정관사 '**a(n)**'과 정관사 '**the**'가 있다. 우리말과 달리 영어의 보통명사에는 정관사나 부정관사를 붙이거나, 그렇지 않으면 명사를 복수형으로 표기한다.

예 **I have book. 이 문장은 잘못된 것이다.** 아래와 같이 써야 한다.

1. I have a book.
2. I have the book.
3. I have books.
4. I have the books.

5-1. 부정관사(Indefinite Articles)

다음과 같은 여러 경우에 명사 앞에 **부정관사(a / an)**를 붙인다.

(1) '하나'(one)를 표시

예
1. I have **a** stone **bed**.
2. **A stitch** in time saves nine.
3. **An apple** a day keeps the doctor away.

Notice
셀 수 없는 **추상명사/물질명사**에는 부정관사를 붙일 수 없다.

(2) 문장에서 처음 언급되는 사람/사물

예
1. This is **a** very useful **book**.
2. His father is **a dentist**.
3. That sounds like **an excuse** to me.

(3) 일정한 수량 표시

예 1. He has **a dozen** of pencils.

2. That animal lives **a thousand** years.

3. They have **a great deal** of money.

(4) 예술가의 작품

예 1. This painting is **a Rembrandt**.

2. This music is **a Mozart**.

3. This play is **a Shakespeare**.

(5) '제2의'(new) 아무개

예 1. The young actress is **a** (new) **Marilyn Monroe**.

2. He is **a Franz Kafka**.

3. She is **a Charlotte Bronte**.

(6) '어떤' 사람/사물

예 1. **A Mr. Smith** wants to speak to you. (스미스씨라고 하는 사람)

2. I was introduced to **a Mrs. Hampton**. (햄튼씨 부인이라는 어떤 사람)

3. **A relief agency** helped the poor. (어떤 구호기관)

5-2. 정관사(Definite Articles)

다음과 같은 여러 경우에 명사 앞에 **정관사(the)**를 붙인다.

(1) 이미 언급된 특정한 사람/사물

예 1. This is a rare book. Please keep **the book** safe.

2. I met a cute girl in the English composition class. Later I knew that **the girl** was from China.
3. There is a big museum in this small town. **The museum** is famous for its fine art collection.

(2) 처음 언급되지만 의미가 분명한 단어

예 1. Open **the door**, please.
2. Pass me **the salt**, please.
3. **The king** is dead.

(3) 고유명사

예 1. Lately international tensions are high around **the Korean Peninsula**.
2. **The Titanic** has become the object of curiosity.
3. **The Pacific Ocean** covers one third of the Earth's surface.

(4) 고유명사처럼 쓰이는 보통명사

예 1. There is no one to take care of him in **the world**.
2. She was sitting in **the sun** reading a book.
3. A lot of stars were shining in **the sky**.

(5) 종족/종류 전체를 지칭하는 단어

예 1. **The lion** is a wild animal. (=Lions are wild animals.)
2. **The computer** has revolutionized office work.
3. **The Korean** is proud of his arts.

(6) 형용사의 명사화

예 1. We should help **the old** and **the poor** not only for themselves, but also for the safety of our society.
2. My parents used to encourage me to challenge **the impossible**.
3. **The wounded** was/were evacuated to a field hospital.

(7) 수식어로 한정되는 명사

예 1. She is **the writer** we have just met in the restaurant.
2. He is **the lawyer** infamous for his immorality.
3. We heard **the news** that our son had won a scholarship to Oxford.

(8) 특정한 활동

예 1. He practises **the piano** eight hours a day.
2. She is studying **the law** in a university in Germany.
3. The brother and sister enjoy playing **the violin**.
cf. They enjoy playing **tennis** on the nearby tennis court.
(운동경기 앞에는 관사가 붙지 않는다.)

(9) 도량형 또는 계량/계수의 단위

예 1. This cloth is sold by **the meter**, which is very convenient.
2. These labourers are paid by **the hour**.
3. I am sometimes confused because things are measured by **the pound** here.

5-3. 관사의 생략(Omission of Articles)

다음과 같은 여러 경우에는 명사 앞에 관사를 붙이지 않는다.

(1) 정관사를 붙이지 않는 고유명사(관습에 따름)

Canterbury Cathedral, Westminster Abbey, Fifth Avenue, Oxford University, Harvard University, Kennedy Airport, Grand Central Station, Times Square 등

(2) 보통명사가 원래의 업무와 목적을 나타내는 경우

예 1. We go to **school** everyday except holidays. **(수업)**
The visitors went to **the school** to see it. **(학교건물)**
2. Go to **bed** early; tomorrow is a big day. **(잠자리)**
She used to put everything on **the bed**. **(침대)**
3. It's a bad manner to blow your nose **at table**. **(식사)**
Please help me to move **the table** into the other room. **(식탁)**

(3) 모두가 다 아는 사람인 경우

예 1. **Father** has promised to take us to the zoo.
2. **Brother** has told me all about the truth of the accident.
3. Where is **sister**? I haven't see her all day.

(4) 추상명사/물질명사

예 1. **Life** is not easy for the people who fight for justice.
2. They say, "**Blood** is thicker than water."
3. **Time** waits for no man. Use your time wisely while you are young.

(5) 식사나 계절

예 1. When do you have **breakfast**?
2. **Spring** has come everywhere.
3. The host of the party announced, "**Dinner** is ready."

(6) 누군가를 직접 부를 때

예 1. Come quickly, **doctor**!

2. **Ladies and gentlemen**, welcome to this great magic show tonight.

3. **Students**, this is the last meeting of your first semester.

연습문제 15

A. 아래의 문장에 알맞은 정관사나 부정관사를 넣으시오.

1. She sailed across Altantic in small boat.
2. House at corner of street is my uncle's.
3. His book has already sold over million copies.
4. Would you mind closing window?
5. Arctic Ocean is at North Pole and covered with ice always.
6. Seoul is capital of Republic of Korea.
7. I still have orange a day.
8. He visits Korea several times year.
9. They used to leave right to pursue expedient.
10. True and beautiful are most important factors in his art.
11. We have rule that loser of game buys everyone drink.
12. She is not woman to be deceived easily.
13. Accused was brought into court.
14. We have new English teacher. Teacher seems to be very kind.
15. If you leave your car there you might get ticket.

B. 아래의 문장에서 정관사나 부정관사가 빠진 곳에는 관사를 넣고, 잘못 쓰인 관사는 지우시오. 고칠 데가 없는 문장에는 'OK'라고 쓰시오.

1. Life of an artist is very difficult.
2. The art is long; the life is short.
3. He rose from the table and went out.
4. The football is very popular sport in world today.

5. He gave us beer and cheese; I drank beer, but I didn't eat cheese.
6. Beautiful flower vase was put on table.
7. The time goes by quickly when you're enjoying yourself.
8. Breakfast she gave us was excellent.
9. Breakfast was over; the dining room was empty.
10. Summer I spent in Cairo the last year was one of hottest days I had ever experienced.
11. I'll ask Father.
12. Man standing over there is father of a family.
13. She is puffed up with pride of her beauty.
14. Poem about tiger by William Blake begins with words: "Tiger! Tiger! burning bright."
15. What desolate place moon must be.

6. 대문자(Capitalization)

모든 영어 문장은 (1) **첫 글자**를 대문자로 시작하며, (2) "I"는 문장의 어디에 있든지 언제나 대문자로 쓴다. (3) 그 밖에 **다음과 같은 경우에도** 반드시 첫 글자를 대문자로 써야 한다.

(1) 인명과 직함 / 사물과 상표명

Dr. Young Soo Kim	Rev. Morris Thomson	Nike
Uncle Todd	Ms. Naomi Campbell	Flight 727
President Lincoln	Academy Award	IBM

(2) 인종과 언어

Korean Arabic Canadian Latinos Spanish Mexican

(3) 지명

Korea	Han River	Mount Sorak	Orange County
Seoul	the Orient	the Philippines	Yorkshire

(4) 단체, 정부기관, 회사명 및 약자

Harvard University Ford Motor Company UNESCO
British Museum the United Nations CBS

(5) 요일, 달, 휴일

Friday, February, Independence Day, Christmas, Thanksgiving Day
(cf. 계절은 대문자로 쓰지 않음: spring, summer, fall, winter)

(6) 신(神), 종교 및 종교 관련 명칭

Christianity God Buddhism Eastern Orthodox Church
Judaism Allah Easter Confucianism Islam

(7) 교과목명

English Reading 131 Western History I World Literature
English Grammar and Composition Biophysics

(8) 책, 영화, 잡지, 기사, 음악, 연극, 예술품 등의 제목

Newsweek *The Scarlet Letter* *Hamlet* Terminator II
the Mona Lisa La Traviata "How to Be a Leader"

(9) 시의 각 행의 첫 글자

I wandered lonely as a cloud
That floats on high o'er vales and hills,
When all at once I saw a crowd,
A host, of golden daffodils;
Beside the lake, beneath the trees,
Fluttering and dancing in the breeze.

Notice
책 제목은 각 단어의 첫 글자를 대문자로 하고, 제목 전체를 **이탤릭체**로 표기하거나 **밑줄**을 긋는다. 신문이나 잡지의 기사나 시 제목은 **따옴표**로 표시하되, 장시(長詩)는 이탤릭체로 표기한다.

연습문제 16

A. 아래의 문장에서 잘못 표기된 부분을 대문자 혹은 이탤릭체로 고치시오.

1. l'allegro and il penseroso are john milton's famous books.
2. english has become a second language in countries like india, nigeria or Singapore.
3. five of the largest broadcasting companies in the world (cbs, nbc, abc, bbc, cbc) transmit in english to over one hundred million audiences.
4. almost as powerful as zeus were his two brothers, who did not live on olympus: poseidon, ruler of the sea, and hades, gloomy king of the underworld.
5. my birthday falls on a wednesday this year.
6. last year i took world literature II, which was very interesting.
7. in his sonnet, "on first looking into chapman's homer," keats tells us the joy of a discovery: "then felt I like some watcher of the skies / when a new planet swims into his ken."
8. locke's political theory is to be found in his two treatises of civil government.
9. romantic music begins with beethoven and ends with sibelius.
10. on 5 september 1977, the american space craft voyager one blasted-off on its historic mission to jupiter and beyond.
11. the national endowment for the humanities has been a prime mover in infusing the liberal arts into medical education.
12. writing is not the monopoly of the english department.
13. the youthful vauvenargues, the french maxim writer, wrote to his cousin mirabeau: "i wept for joy while I read plutarch's lives."
14. theorectically I was all for the burmese and all against their oppressors, the british.
15. let freedom ring from the prodigious hilltops of new hampshire, from the mighty mountains of new york, from the hightening alleghenies of pennsylvania, from the snowcapped rockies of colorado, and from the curvaceous peaks of california.

(Martin Luther King, "I Have a Dream"에서 발췌한 것임)

B. 아래의 글을 읽고 틀린 소문자는 대문자로, 대문자는 소문자로 고치시오.

above all, He must convince us that we are taking part In the making of great history, give us a sense of Glory about ourselves. winston churchill managed, by sheer Rhetoric, to turn the british defeat and The Evacuation of dunkirk in 1940 into a major Victory. fdr's words turned the sinking of the american fleet At pearl harbor into a national rallying cry instead of a humiliating National Scandal. a Leader must stir our blood, not appeal to our Reason.

7. 구두점(Punctuation)

7-1. 마침표/온점 Period (.)
7-2. 물음표 Question Mark (?)
7-3. 느낌표 Exclamation Mark (!)
7-4. 쉼표/반점 Comma (,)
7-5. 콜론 Colon (:)
7-6. 세미콜론 Semicolon (;)
7-7. 아포스트로피 Apostrophe (')
7-8. 따옴표 Quotation Mark (" ")
7-9. 대쉬 Dash (—)
7-10. 하이픈 Hyphen (-)

구두점도 문장의 일부라고 할 만큼 중요하다. 특히 쉼표, 콜론, 세미콜론, 대쉬, 하이픈 등을 잘못 사용하는 예가 흔히 발생한다.

7-1. 마침표/온점 Period (.)

(1) 진술문이나 가벼운 명령문 뒤

예 1. English often unifies huge territories and diverse populations.
2. If you want the book, tell me.
3. People are egocentric by nature.

(2) 약자의 표시

예

Mr. Kim	Ms. Lee	Mrs. Park	St. John
Dr. Han	Prof. Choi	John Kennedy, Jr.	In Soo Kim, Ph. D.
7:00 a.m.	100 B.C.	Korea vs. Japan	

Notice
모든 약자에 마침표를 찍는 것은 아니다. **MVP, mph, AM / FM** 등은 마침표 없이 사용한다. 또한 **USA / U. S. A.**처럼 마침표를 선택적으로 사용하기도 한다. 특정 약자의 마침표 사용여부를 알기 위해서는 사전을 찾아보라.

(3) 문장의 생략부호

문장 중간에서는 마침표 3개, 문장의 끝에서는 4개를 나열한다.

예 Beauty is an element of life. The human heart hungers for beauty and rejoices when it finds it. . . . If literature provides it . . . then literature is one of the great foundations of human joy. Beauty is the criterion of a book's deathlessness.

7-2. 물음표 Question Mark (?)

예 1. Are you proud of your country?
2. What on earth are you thinking now?
3. How did he come back from China so early?

7-3. 느낌표 Exclamation Mark (!)

화자의 강력한 느낌, 감탄, 강조를 나타내는 단어, 어구, 문장 뒤에 사용한다. 그러나 느낌표를 남발하면 오히려 역효과가 난다는 점을 명심하라.

예 1. Wow! What a fantastic performance it is!
2. His mother shouted, "Come back as soon as school is over!"
3. While we were in France, the weather was perfect!

7-4. 쉼표/반점 Comma (,)

(1) 대등절을 연결하는 등위접속사 앞 (⇒중문)

예 1. Activities are good, **but** activities alone don't make a college.

2. The student is in college to learn, **and** he is here to think, too.
3. She made lots of mistakes in her speech, **so** she was upset.
4. A sullen, childless couple never said hello to him, **nor** did he greet them.
5. A janitor knew him well, **for** they had played chess several times.

(2) 문장의 처음에 나오는 부사(구)나 종속절 뒤 (⇒복문)

예 1. **Nevertheless,** the pianist got a big applause at the end of the concert.

2. **Being so young,** she has no sense of responsibility.
3. **Although this big house is expensive,** its view makes the cost worthwhile.
4. **Because he came so late,** he missed the last train.
5. **If the book is filled with beauty,** it is an abiding source of joy.

(3) 일련의 어(구)나 절의 나열

일련의 어(구)나 절을 나열할 때 쉼표를 사용한다. 이 때 제일 마지막 항목 앞에는 쉼표 다음에 접속사('and')를 써야 한다.

예 1. The student should be diligent, honest, responsible, **and** self-reliant.

2. Proverbs often embody the paradox, the pun, the concrete illustration, the pungency, **and** the stark realism.
3. My job requires me to get up early in the morning, to help lots of young children, **and** to come home late at night.
4. Music has the power to raise the spirits, to comfort shaken nerves, **and** to make us free.
5. She came through hardships because she was a black woman, because she was poor, **and** because she was determined to be a creative artist.

(4) 비제한적 수식어구, 부사(구), 부사절 등의 앞과 뒤

비제한적인 수식어구, 부사(구), 부사절 등의 앞과 뒤에 쉼표를 삽입함으로써, 이 어구들을 괄호처럼 묶어주는 역할을 한다.

예 1. A common-sense morality**, as expressed in the proverb,** may not always embody truly ethical ideas.

2. It does**, however,** embody what the folk regard as true.

3. It is philosophy**, not science,** that teaches us the difference between right and wrong.

4. The future**, of course,** is unpredictable.

5. The difference**, if one exists,** is of degree only.

〈쉼표의 오용 사례들〉

예 1. A college is a community, a community consists of people who are bound together by personal ties.

(쉼표로 두 독립절을 연결할 수 없다. ⇒Comma Splice)

Rev A college is a community**, and** a community consists of people who are bound together by personal ties.

2. My parents always emphasize, that I should protect my eyes.

(동사와 목적어 사이에는 쉼표를 찍지 않는다.)

Rev My parents always emphasize that I should protect my eyes.

3. Summer is hot but, many young boys and girls love this season.

(쉼표는 등위접속사 앞에 와야 한다.)

Rev Summer is hot**, but** many young boys and girls love this season.

4. It was his birthday, in 1990, that he passed away.

Rev It was his birthday **in 1990** that he passed away.

("그가 세상을 떠난 것은 1990년 그의 생일이었다." 라는 위의 문장에서 1990년은 문장의 의미를 규정하는 데 꼭 필요한 부분이다. 따라서 쉼표로 분리할 수 없다. 문장의

일부를 쉼표로 묶을 때는 그 부분이 없어도 문장의 주된 의미가 바뀌지 않는 '비제한적 묘사'에 한정한다.)

5. Shakespeare wrote great tragedies such as, *Hamlet*, *Othello*, *Macbeth*, and *King Lear*.

(일련의 항목들을 나열할 때, 맨 처음 항목 앞에는 쉼표를 쓰지 않는다.)

Rev Shakespeare wrote great tragedies such as *Hamlet*, *Othello*, *Macbeth*, and *King Lear*.

연습문제 17

A. 아래의 문장에 마침표, 물음표, 느낌표, 쉼표 중 적절한 구두점을 찍으시오.

1. Lastly they all passed the examination
2. Have you not moreover watched their faces when they came
3. What is it in literature that produces joy
4. He shouted "Please be on time"
5. Mr Franklin got his Ph D in English Literature thirty years ago
6. Some differences are minor and we will soon become accustomed to them
7. While I was in San Francisco I saw my first earthquake
8. We have been absorbed with road building city building free education for millions of children and the assimilation of countless strangers
9. What a dull world it would be if this were not true
10. "Mourad" I said "Where did you steal this horse"
11. Our attention has been inward not global through these years
12. Have you taken your vacation yet
13. The entire twenty-story brick building sprang outward like a door and it fell sprawling across the street
14. Unfortunately we do not teach enough about other cultures customs or even geography in our schools
15. Isn't it interesting to see how different these twins are

B. 아래의 문장에서 쉼표가 잘못 찍혔거나 누락된 부분을 찾아 바르게 고치시오.

1. We refuse to believe, that there is enough water for everybody.
2. Perhaps writers have not served society well but, they have been representatives of what the society is.
3. Activities are good and beneficial but activities alone don't make a college.
4. Words are often very tricky, we have to use them correctly.
5. If a man can't read he can't write either.
6. Nobody knows, how to deal with them.
7. The friendship, between my father and Bob, grew ever stronger.
8. Everything in Alice's house was whole placid and healthy.
9. Of course some men are eager to talk about family matters.
10. I began working in journalism, when I was fifteen years old.

7-5. 콜론 Colon (:)

(1) 앞의 내용을 상술, 요약, 부연, 혹은 예시하는 경우

예

1. There are four seasons in Korea: spring, summer, fall, and winter.
2. Those three languages are as follows: Korean, English, and Chinese.
3. He wrote to his cousin: "I wept for joy while I read your letter."
4. For the Greeks, beauty was a virtue: a kind of excellence.
5. There were three winners: Aubrey, Nancy, and Rachel.

(2) 시간과 분, 제목과 부제, 또는 책의 장절을 표기하는 경우

예

1. The first period ends at 9:50.
2. I read *Middlemarch: A Study of Provincial Life.*
3. Matthew 3:1

(3) 편지의 서두

Dear Dr. Kim: Dear Sir: Dear Sue:

7-6. 세미콜론 Semicolon (;)

세미콜론은 '**and**'와 같은 뜻을 가지며, 독립절과 절 사이를 이어준다. 그러나 문법적으로 대등하지 않은 절과 구, 또는 독립절과 종속절을 연결하지는 못한다.

예 1. We came by bus; they took an airplane.

2. Many sports games are interesting; however, some are boring.

3. French fries are high caloric; therefore, I try to avoid them.

4. Science is not only morally neutral; it is also unable to give any moral direction.

5. Churchill warned the British to expect "blood, toil, tears, and sweat"; Franklin Roosevelt told Americans, "The only thing we have to fear is fear itself."

〈세미콜론의 오용 사례들〉

(1) 세미콜론은 절과 구를 연결할 수 없다.

예 1. We have to see Mr. Park; an editor of the local newspaper.

Rev We have to see Mr. Park, an editor of the local newspaper.

2. Proverbs have their origin in race experience; in folk psychology or in superstition.

Rev Proverbs have their origin in race experience, in folk psychology, or in superstition.

(2) 세미콜론은 주절과 종속절을 연결할 수 없다.

예 1. Jazz is a unique American music; although it is popular among the younger generation in Korea.

Rev Jazz is a unique American music although it is popular among the younger generation in Korea.

2. I heard that he had an operation; which surprised me.

Rev I heard that he had an operation, which surprised me.

7-7. 아포스트로피 Apostrophe (')

(1) 소유격 표시

예 1. That computer is **Prof. Hutchinson's.**

2. All of these are **Charles Dickens's** novels.

3. These are **Nancy's** and **Greg's** apartments. **(각자 소유)**

   This is **Nancy** and **Greg's** apartment. **(공동 소유)**

   These are **Nancy** and **Greg's** apartments. **(둘 이상 공동 소유)**

4. These are **children's** games.

5. This is **the Kims'** house.

   Where are the **babies'** toys?

   (복수명사의 소유격에는 명사의 끝에 아포스트로피만 붙인다.)

6. What is your **mother-in-law's** name?

   (합성어는 끝 단어에 아포스트로피와 'S'를 붙인다.)

(2) 생략부호

예 1. **Don't** tell her father that she **didn't** go to school.

2. **We'll** go to the Exposition 2012 tomorrow.

3. My twin sons entered the same college in **'07.**

(3) 복수 표시

예 1. All these international scholars have their **Ph. D.'s.**

2. He had all **B's** except one subject last semester.

3. She uses too many **and's** and **but's** in her essays.

〈아포스트로피의 오용 사례들〉

인칭대명사의 소유격, 소유대명사 및 축약형을 혼동하는 경우가 많다.

예 1. A friend of **he's** came to see a friend of **she's.**

Rev A friend of **his** came to see a friend of **hers.**

2. This dictionary is **their's**, and that one is **your's.**

Rev This dictionary is **theirs**, and that one is **yours.**

3. I like this red rose; **it's** smell is so sweet.

Rev I like this red rose; **its** smell is so sweet.

4. **Its** a very small house for my dog.

Rev **It's** a very small house for my dog.

7-8. 따옴표 Quotation Marks (" ")

(1) 직접 인용문 혹은 대화 내용 표시

예 1. The politician shouted, "**Trust me, my fellow citizens.**"

2. The teacher explained, "**Philosophy means 'the love of wisdom.'**"
(인용문 속의 또 다른 인용문에는 작은따옴표를 붙임)

3. Keats wrote: "**A thing of beauty is a joy forever.**"

4. She asked her boyfriend: "**How far is your home from here?**"

5. He answered: "**Just a few more minutes.**"

(2) 시, 수필, 단편소설 등의 문학작품, 노래, TV 연속물, 신문/잡지 기사 등의 제목

예 1. "**The Solitary Reaper**" is written by William Wordsworth.

2. I was deeply moved when I read O. Henry's "**The Last Leaf.**"

3. "**Oh, Danny Boy**" is one of my uncle's favorite songs.

4. Did you read the article, "**The South-North Talk,**" of this magazine?

5. "**Today's Young Artists**" is one of the most popular TV programs.

Notice
따옴표를 남용하는 경우, 글이 산만해질 수 있다.

7-9. 대쉬 Dash (—)

(1) 생각의 단절이나 더듬거림을 표시

My—brother—Russell—thinks—monsters . . .

(2) 앞의 내용을 강조하거나 보충 설명하는 어구의 좌우에 사용

예 1. The Jatakas—the birth stories of the Buddha—are the great storehouse from which emerged many of the fables of Aesop.

2. I had a very awful dream—dreams can be dreadfully cruel—so even after I had woken up I could not get over it.

3. A creature with feathered limbs—half bird and half reptile in appearance—will take itself into the air.

(3) 앞에서 열거한 내용을 아우르거나 보충하는 경우

예 1. Pizza, roast chicken, sandwiches, fruits, and vegetables—these are all we need for his birthday party.

2. Beautiful, delicate, sensitive, nervous, self-consccious, and melancholy—Nancy was all of these.

3. We worry about teenage drinking and driving and pregnancy—all perhaps misguided attempts at "grown-up behavior."

7-10. 하이픈 Hyphen(-)

대쉬(—)와 **하이픈 hyphen(-)**을 혼동하는 사례가 많다. 대쉬와 달리 하이픈은 음절과 음절 사이, 혹은 합성명사의 단어와 단어 사이에만 사용한다.

(1) 음절과 음절사이

행의 끝에 긴 단어가 와서 그 단어 중간에 행을 바꿔야 할 경우, 반드시 음절과 음절 사이에서 끊고, 앞 음절 뒤에 **하이픈**을 붙인다.

〈행의 끝〉	〈다음 행의 시작〉
diction-	ary
judg-	ment
pro-	duce
sum-	mer

(2) 단어와 단어 사이

bride-to-be	chain-smoker	cross-country	drive-in
epoch-making	fire-resistant	forget-me-not	good-bye
go-between	he-man	honey-sweet	merry-go-round
popcorn-can	ready-to-wear	red-pencil	right-handed
self-definition	soft-boiled	sun-god	well-developed

연습문제 18

A. 아래의 문장에서 콜론 또는 세미콜론이 누락되었거나 잘못 쓰인 곳을 골라 바르게 고치시오.

1. The winners are as follows; Jack, Thompson, and William.
2. He was once a good writer: now he writes for money.
3. I have just read *Womanhood; The Development of Self-Identity.*
4. The medicine caused her to experience one side effect it made her sleepy.
5. Being a man is bad enough: being manly is appalling.
6. This auditorium is huge therefore, a lot of people can be accommodated.
7. Three influential countries in Asia are these Korea, Japan, and China.
8. The king of all painkillers; of course, is aspirin.
9. If the doctors had not saved her; she would have died.
10. In any case, honor should not be scorned, justice should not be violated.

B. 아래의 문장의 필요한 곳에 아포스트로피를 써 넣되, 아포스트로피가 필요 없는 문장이면, 빈 칸에 OK라고 쓰시오.

1. _____ We still need many womens universities.
2. _____ The suns rays could be gentle and healing.
3. _____ She saw the person in the dentists office.
4. _____ They express their ideas in their own words.
5. _____ The alumni of the class of 99 had a meeting last month.
6. _____ He wrote a book. Its title is *Music for Reading*.
7. _____ Youre a regular little actor.
8. _____ There are no ifs in the past history.
9. _____ Now that's quite enough.
10. _____ Theres a beautiful flower vase on the table.

C. 아래 문장의 적당한 곳에 따옴표를 붙이시오.

1. He was furious when he read the article, College Students in Korea.
2. Although maintaining this office is expensive, Jim told me, it is very convenient.
3. She asked to the police: How can I get to the post office?
4. His father's favorite song used to be You Are My Sunshine.
5. As Hopkins wrote, nothing is so beautiful as spring.
6. Gag Concert used to be my favorite program, but not any more.
7. Whenever she complained about her environment, her mother used to say, Think about the poor people who have nothing to eat.
8. Have you seen the Mona Lisa by Leonardo da Vinci?
9. The privileges of beauty are immense, said Cocteau.
10. For whom the bell tolls, made famous by Hemingway, is originally from John Donne's sermon.

D. 아래의 문장을 읽고 적절한 곳에 대쉬(—)나 하이픈(-)을 삽입하시오.

1. Mental processes creative or calculating seem to be aided as well.
2. In 1977, nearly one third of the eighteen to twenty one year olds were in college.
3. Many background music records "Music for Dining," "Music for Reading" and the like help to calm nerves and assuage fatigue.
4. He is a unitary biological creature, an individual "undivided" with one complete set of biological needs and purposes.
5. Let us consider what science can do and cannot do its proper scope and function.
6. The transition to adulthood was handled though not always easily or without tension through a long apprenticeship.
7. It is not easy for a black woman to live in a male oriented and male dominated white world.
8. We have always stood for the higher literacy the ability to read intelligently and write respectably.
9. To be a man is somehow even now in feminist-influenced world a privilege.
10. This business will become self supporting in one or two years.
11. The death of anyone even a convicted killer diminishes us all.
12. I know who he is, Mr. Mr. Mr. Mr. Thompson, the dramatist.
13. Green, yellow, red, violet, gray, and black these are all colored pencils we have in the store now.
14. Most men believe and with reason that their lives are bad enough.
15. This is the so called the "Dress Code" of the East West Hotel.

제 2 부 문단쓰기

모든 영문 에세이는 문단을 기본단위로 한다. 문장들이 모여서 문단을 구성하듯, 문단들이 모여서 에세이가 되는 것이다. 따라서 에세이쓰기에 앞서 문단쓰기 연습이 반드시 필요하다. 문단을 쓸 수 있으면, 에세이쓰기는 한층 쉬워진다.

제1장 문단(Paragraph)의 구성

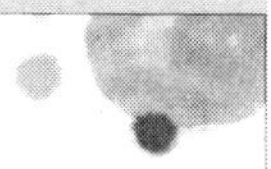

1. 주제문(Topic Sentence)

문단은 원칙적으로 하나의 주제문과 여러 다른 문장들로 구성된다. '**주제문**'은 문자 그대로 문단의 핵심적인 주제를 명시하는 문장으로서, 문단의 초점이 되는 동시에 문단을 통제한다(Control). 따라서 문단에서 가장 중요하다. 주제문은 대체로 문단의 제일 앞에 온다. 간혹 두 번째나 세 번째 문장이 주제문이 되기도 하고, 매우 드물게, 문단의 제일 끝에 오기도 한다. 간혹 주제문이 명시되지 않고 함축되는 경우도 있으나, 작문의 기초단계에서는 주제문을 명확히 제시하는 훈련이 필요하다. 기억할 것은 **한 문단에 주제문은 반드시 하나**라는 것이다.

(1) 주제문이 문단의 제일 앞에 오는 경우

The rise of English is really extraordinary. Almost two thousand years ago, English did not exist. Five hundred years later, English was spoken by the small number of people. In the sixteenth century, when Shakespeare wrote his works in English, only five to seven million people used it. Even in the British island, it was not the language of all. Four hundred years later, the story is completely different. Today, English has become the most powerful language in the world, the first truly global language.

(2) 주제문이 문단의 두 번째(혹은 세 번째) 문장에 오는 경우

Unfortunately not every president is a leader, but whenever a presidential election comes, we hope to elect one. **Great leaders are almost always great simplifiers.** They never make the work in hand complicate; instead they offer a simple solution everyone can understand or remember easily. For example, Churchill not only promised "Victory" to the British people, but also warned them to expect "blood, toil, tears, and sweat." Lincoln's simple phrase from his Gettysburg Address, "government of the people, by the people, for the people," still has a strong impact on the people's mind. It is a straightforward, simple, but effective message that appeals to people's sympathy.

(Michael Korda, "What Makes a Leader"에서 발췌한 것임)

(3) 주제문이 문단의 제일 끝에 오는 경우

Christopher Columbus was a Portuguese. But in 1492, he set out his voyage under the flag of Spain, with the support of the Spanish Queen Isabella. His hope was to find a direct sea route to the Far East. Because he wanted to discover a shorter route to China and India, he sailed westward across the Atlantic. But to everyone's surprise, he found two huge continents, which were unknown to European countries until then. These newly found continents were North America and South America. **His discovery of America was a mere serendipity.**

2. 주제문을 뒷받침하는 문장들(Supporting Sentences)

문단에서 주제문을 제외한 다른 문장들은 **주제문을 뒷받침하는 문장들**이다. 설득력 있는 글을 쓰려면 주제문을 효과적으로 뒷받침해야 한다. 따라서 이 문장들도 주제문 못지않게 중요하다.

제2장 문단의 종류

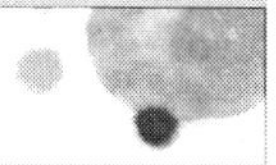

1. 주제문이 있는 문단(Topic Sentence Paragraph)

아래에 예시된 두 문단은 주제문인 첫 번째 문장과 그 주제문을 뒷받침하는 여러 문장들로 구성되었다.

예 1. **Playing the piano is one of my favorite pastimes**. I play the piano whenever I have free time. It gives me the pleasure I cannot get from other activities. When I play the piano, I feel like I am in a paradise for a while. I can forget all my troubles and my daily routine. Especially when I become tired of studying my major, that is mathematics, it gives me a welcome break from studying. When I play musics for songs, I can sing at the same time. Playing the piano not only makes me relaxed, but also rejuvenates my spirit.

예 2. **In conversation, husbands and wives often have problems that close friends of the same sex don't have.** First, they may not have much to talk about, and second, when they talk, misunderstandings often develop that lead to major fights. These problems are particularly resistant to solution. Not only do men and women like to talk about different topics, spoken language serves different functions for the sexes.

2. 주제문이 없는 문단(Function Paragraph)

한 문단이 지나치게 긴 경우에는 둘 이상의 짧은 문단들로 나누는 것이 보통이다. 긴 문단을 여러 개의 짧은 문단들로 나누는 경우, 뒤의 문단(들)은 별도의 주제문 없이 첫 문단의 주제문을 뒷받침하는 문장들만으로 구성된다.

예 **You can also use music as background accompaniment**. These days many people use music for this purpose, and they prefer a smooth and soft music. They hardly listen to what they hear; they just do their works enjoying the comfortable atmosphere. We meet such music almost everywhere. The mart, the bus depot, the train station, the dentist's office, the children's hospital, and the bookstore are just some of many places where they use background music.

Such music can help to relieve the boredom of women in the kitchen. They can mix the sound of music with that of the dishwasher. In factories, workers can be refreshed from the fatigue of the day's labor. Students listen to music while they study. Painters hire musicians to play while they paint. Some people let the music going on when they are lonely or when they have problems to think through.

위의 예문의 경우, 첫 문단은 주제문(밑줄친 부분)이 있으므로 **Topic Sentence Paragraph**이다. 그러나 다음 문단은 앞 문단의 연장일 뿐, 새로운 주제를 소개하지 않는다. 주제문이 없는 둘 째 문단은 **Function Paragraph**라고 한다.

제3장 문단의 형태

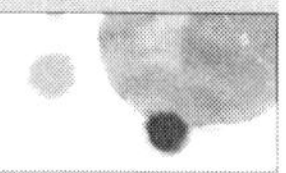

1. 잘못된 형태와 바른 형태

아래의 두 문단 중, **(1)** 은 바른 문단형태가 아니다. 많은 사람들이 이러한 오류를 범하는데, 문단은 반드시 **(2)** 처럼 하나의 단락을 이루어야 한다.

(1) An Amazing Seashell

I pick up one curious seashell. It's such a delicate little shell, but on the second look it has a dual feature.

It seems to have two faces. The outside of the shell appears very strong, but its inside looks so fragile that it is likely to break easily.

It is comparable with a person who appears rough and weathered on the outside, but possesses a brilliant or enchanting personality within.

How important it is to look beyond

what we see on the first glance!

(2) An Amazing Seashell

I pick up one curious seashell. It's such a delicate little shell, but on the second look it has a dual feature. It seems to have two faces. The outside of the shell appears very strong, but its inside looks so fragile that it is likely to break easily. It is comparable with a person who appears rough and weathered on the outside, but possesses a brilliant or enchanting personality within. How important it is to look beyond what we see on the first glance!

2. Block Style과 Indented Style

문단 형태에는 크게 '**Block Style**'과 '**Indented Style**'이 있다. 개인의 취향에 따라서 둘 중 하나를 택할 수도 있지만, 대체로 Indented Style이 더 널리 사용되며, Block Style은 사업상의 공식 문서나 송장, 서신 등에 주로 사용된다.

(1) Block Style: 문단의 시작 부분을 들여 쓰지 않는다.

There are three kinds of people in society. One kind is the people who are necessary in society. They contribute greatly to the development of society and the well-being of others. People like, respect, and honor them. Another is the people who are good for nothing. They may live happily for themselves and their own families, but they have no concerns for the welfare of others. The other is the people who do evil things to society. They seem to enjoy hurting others. People think they are completely useless.

(2) Indented Style: 문단의 시작 부분을 2-5 strokes 들여 쓴다.

There are three kinds of people in society. One kind is the people who are necessary in society. They contribute greatly to the development of society and the well-being of others. People like, respect, and honor them. Another is the people who are good for nothing. They may live happily for themselves and their own families, but they have no concerns for the welfare of others. The other is the people who do evil things to society. They seem to enjoy hurting others. People think they are completely useless.

제4장 문단의 통일성과 일관성(Paragraph Unity; Paragraph Coherence)

1. 문단의 통일성을 해치는 문장

문단은 주제문을 중심으로 통일성 있게 구성되어야 한다. 따라서 주제문과 관련이 없는 문장들은 쓰지 않도록 주의해야 한다.

예 1. English has thoroughly proven itself as a global language. It is precise and concise for commercial use. It is also rich and colorful for literary purposes. English is the most abundant in its vocabularies, and the most international in its usage. Except Chinese, English speakers are more numerous than those of any other languages, and it is more widely distributed over the earth than any other languages. **French was once considered the language of diplomacy.** It is the official language of the Olympics and the official voice of the air and of the sea.

위의 예문은 영어가 글로벌 언어임을 설명하는 글이다. 여기서 밑줄 친 문장은 프랑스어가 한 때 외교상의 주요 언어였음을 언급하는 것으로서 문단의 주제와 관련이 없다. 문단의 통일성을 해치는 이 문장은 삭제되어야 한다.

예 2. Ignorance about the way pain-killing drugs work is widespread. What is not generally understood is that many of the pain-killing drugs conceal the pain without correcting the underlying condition. They deaden the mechanism in the body that alerts the brain to the fact that something may be wrong. The body can pay a high price for suppression of pain without regard to its basic cause. **These days the pain-killing drugs are sold in supermarkets. We can get the pain-killing drugs without difficulties.**

위 문단의 핵심은 진통제에 대한 일반의 무지가 널리 확산되어 있다는 것이다. 그런데 마지막 두 문장은 요즈음 대형 마켓에서 진통제를 팔기 때문에 우리가 쉽게 구할 수 있다는 내용으로서 문단의 주제와 관계가 없다. 따라서 문단의 통일성을 해치는 이 두 문장은 삭제되어야 한다.

2. 문장 배열을 위한 6가지 방법들

2-1. 덜 중요한 것으로부터 가장 중요한 것으로
2-2. 가장 중요한 것으로부터 덜 중요한 것으로
2-3. 시간적 배열(Chronological Arrangement)
2-4. 공간적 배열(Spatial Arrangement)
2-5. 귀납적 배열(Inductive Arrangement)
2-6. 연역적 배열(Deductive Arrangement)

일관성 있는 문단을 위해서는, 주제문을 뒷받침하는 모든 문장들을 짜임새 있게 효과적으로 배열함으로써, 전체적으로 물 흐르듯 자연스럽게 이어가야 한다. 효과적인 문장 배열을 위한 6가지 방법들은 아래와 같다.

2-1. 덜 중요한 것으로부터 가장 중요한 것으로 (from least important to most important elements)

My girl friend, Mia, prefers living in a private house to living in a dormitory for several reasons. It is easier to concentrate on her works in a quiet private home. A dorm is in general too noisy with other students around. She has more private space in a home. In a dorm, she has to share a room with three other girls whose lifestyle may be totally different from hers. She can manage her time freely in a home. But in a dorm, she has to follow the strict rules. Most importantly, living in a private house costs less than living in a dorm.

위 문단에서, "미아가 기숙사보다 개인주택을 선호한다."는 주제문을 뒷받침하기 위해서 저자는 미아에게 덜 중요한 이유인 조용한 환경으로부터, 사적 공간의 문제, 자유로운 생활에 이어, 가장 중요한 이유인 저렴한 비용의 순서로 나열했다.

2-2. 가장 중요한 것으로부터 덜 중요한 것으로 (from most important to least important elements)

David Kim chose a state university in Texas for the following reasons. First, the school has prominent professors in his major field. Next, its tuition costed less than that of other universities. For example, he could pay only one third of the tuition of other private schools, and the living cost was also cheaper. Third, he had an American family there who could provide him with proper information and help in case of emergency. Besides, the fact that the school has many Korean students was another factor he considered positively.

이 문단에서 저자는 데이비드가 텍사스에 있는 주립대학을 선택한 이유들을 나열함에 있어서, 가장 중요한 것인 훌륭한 교수진으로부터 덜 중요한 것인 한국 학생이 많다는 사실의 순서로 배열했다.

2-3. 시간적 배열(Chronological Arrangement)

This is how to make cubed radish kimchi. First, wash the radish well in the flowing water two or three times, and cut it into small square pieces. Next, mix the cut pieces with the red pepper powder until every piece becomes reddish. Then, put the salt, juice from pickled sea food, smashed garlic, chopped green onions, and oysters into the cut radish and mix them well. After that put the content into a glass bottle or plastic container. Keep it in the room temperature for three or four days. It takes less or more days depending upon the room temperature. If it is fermented properly, it is ready to be served.

깍두기 담그는 법을 소개하는 이 문단에서는, 무를 흐르는 물에서 깨끗이 씻는 것에서부터 깍두기가 다 익어서 먹게 되기까지의 모든 과정들을 순서대로 차례차례 설명한다.

2-4. 공간적 배열(Spatial Arrangement)

(1) 가까이로부터 멀리(from closest to farthest)

Last Sunday I went to Inchon Airport to meet my sister coming back from the U. S. A. Because the arrival of her airplane was delayed for an hour, I had to wait for her in a lounge. A lot of people were already there waiting for someone, like myself. In front of me was a beautiful lady wearing in a white dress. A young man was reading a book next to her. To my right, there was a mother with her baby, and to my left, an old couple were looking at each other with an affectionate eye. When I looked around the large area, a group of college students were coming toward me making lots of noise, who were followed by a few foreigners as noisy as the students.

이 문단에서 저자는 인천공항 라운지에 앉아서 미국으로부터 귀국하는 누이를 기다리는 동안 바로 자기 앞에 앉은 여성으로부터, 저 멀리서 자기 쪽으로 다가오고 있는 한 무리의 대학생들과 그들의 뒤를 따르는 외국인들까지 차례로 묘사한다.

(2) 멀리로부터 가까이(from farthest to closest)

When a group of boys arrived the summit of the mountain, they looked around. In the distant east they saw the blue ocean spreading as far as they could see. A bit closer, the twelve columns of huge rocks, called the twelve disciples, were standing as if they were rising from the ocean. Below their feet, a lot of green, blue, and black peaks were emulating their beauties.

이 문단에서 저자는 산 정상에 도착하여 주위를 둘러보는 소년들의 시야에 가장 멀리 보이는 대양으로부터 가까이 보이는 각양각색의 산봉우리들까지 차례로 묘사한다.

2-5. 귀납적 배열(Inductive Arrangement)

구체적 사실을 먼저 나열한 후 마지막으로 일반적 결론을 도출한다.

We have to give our young generation enough time and chances to grow. We should not push them to the direction we want, neither should we mold them to the type we desire. Let them have their own time to grow and their own ways to discover their wishes and talents. Let them seek knowledge by themselves. Please remember that human beings do not learn from others' experiences; they learn only through their own experiences.

이 문단에서 저자는 우리가 어린 학생들을 어떻게 다루어야 하는지에 관한 구체적인 사실들을 먼저 열거한 후, 제일 마지막에 "인간은 타인의 경험으로부터 배우지 못하며; 자신의 경험을 통해서만 배운다."는 결론을 제시한다.

2-6. 연역적 배열(Deductive Arrangement)

일반적 견해나 원리를 먼저 제시한 후 구체적 사례들을 언급한다.

The lack of communication among people can be very dangerous. First, it can easily destroy a good relationship among people. It also causes people's misunderstanding of others, their separation from others, and their total indifferences to others. As a result, people become lonely and depressed. Sometimes people get angry not only to others but also to themselves.

이 문단에서는 "사람들 사이의 의사소통의 결핍이 매우 위험할 수 있다."는 일반적인 견해를 먼저 제시한 후 그것의 구체적인 예들을 나열한다.

제5장 문단 쓰기

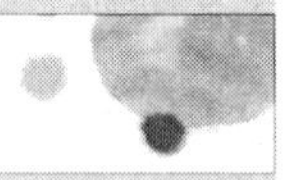

1. 문단 연습을 위한 제언

에세이를 잘 쓰기 위해서는 문단쓰기 연습이 선행되어야 한다. 문단쓰기를 위해서는 관찰, 명상, 일기 쓰기, 에세이나 책 요약 등이 크게 도움이 된다.

(1) 관찰(Observation)

도서관, 시장, 극장, 터미널, 식당, 백화점 등 사람들이 많이 모이는 장소, 아름다운 경치 또는 본인이 즐겨 찾는 장소, 거리의 풍경, 연주회나 전시회, 가족이나 친구들의 삶, 식물의 성장과정, 동물의 움직임, 특이하게 생긴 물체, 그림 등을 세밀히 관찰하고 그 내용을 적어 본다.

(2) 명상(Meditation/Reflection)

본인의 좌우명, 성현의 말씀, 명작의 인용문, 속담, 시사적 주제 등 짤막한 글귀에 대한 명상의 내용을 적거나, 시를 한 편 읽고 그 시에 대한 감상평, 소감 등을 적어본다.

(3) 일기(Journal)

일기만큼 좋은 글쓰기 연습은 없다. 일기를 씀으로써 내면의 성찰을 통한 자아성장은 물론 글쓰기 능력도 크게 향상된다. 글쓰기 차원에서 일주일에 적어도 1-2회 정도의 일기쓰기를 권장한다.

(4) 요약(Summary)

책이나 에세이 등을 읽은 후 그 내용을 요약해 본다. 두꺼운 책의 경우는 장(章)별 또는 쪽별로 요약하는 것도 좋다. 요약 연습은 특히 논리적 사고와 논지의 입증을 요하는 논술 등의 쓰기에 크게 도움이 된다.

2. 문단 연습의 실제

아래의 예문들을 참고하여, "**What Is My Life Like At This Moment?**"라는 주제로 문단을 써 보라.

예 1. **My life is like a clock.** My life is running and beating every second. Every day and night, from the early morning to the late night, it moves continuously without stopping, as if it is a clock that goes on with the sound of ticktock without ceasing. Even when I sleep, the clock of my life goes on regularly with the alternative inhaling and exhaling. But someday both my heart and the clock will stop moving, which will be the end of both.

예 2. **My life is like an iceberg.** Iceberg is a very large piece of ice floating in the sea, most of which is below the surface. As people see just a very small part of iceberg, and miscalculate the whole size of it, they see only parts of me, and misunderstand the whole picture of my being. In fact, what they see is only a very small part of my personalities and potentialities. Even I don't see the whole picture of myself, either. I never know the unconscious level, the part which is below the surface.

예 3. **My life is like a mountain climbing.** I had never been at the top of any mountain yet. I wonder what it would be like standing on the top of a mountain, looking down the world far below. I am still wandering the skirts of the mountain because I barely started my life journey. The roads to the top are many, and they are quite rocky and perilous. On the way, I may find some smooth and easy paths. I also may encounter beautiful trees and flowers, and enjoy the breeze and songs of birds. At other times, I may miss my steps and get hurt. I know it will take a long time to finish this journey of life. But I will continue my journey day after day incessantly till I reach the submit, where at last all my hard works will pay off.

연습문제 19

A. 아래의 글을 읽고 적당한 곳에서 문단을 나눈 다음, 문단이 새로 시작되는 곳의 처음 세 단어를 쓰시오.

Only about a couple of centuries ago, in many countries, young boys and girls did fairly important roles in the family. While boys worked on farms by seven or eight following their fathers or elder brothers, girls helped their mothers by taking care of their baby sisters (or brothers), washing dishes, or cleaning houses. When children were physically grown, at early teens, they did the same works as any adults did. In those days, school education was not as common as that of these days, and it was irregular at best. Not all of young boys and girls did go to school. Rather they stayed home learning the things they needed to learn by their family members. Sometimes they were taught through a long apprenticeship in the nearby farmhouses. It was industrialization that changed all of these pictures. Mills and factories replaced farms, and big cities replaced the countryside. Now, children no longer automatically followed their parents' rural occupations. Gradually the need for child labor on farms diminished and young children began to be exposed to the harsh labor in factories. Finally school has replaced child labor and home teaching, and it became the place of reading and writing, where children were given certificates to make them ready for later studies or works.

B. 아래의 각 문단에서 주제문이 있으면, 그 주제문에 밑줄을 그으시오. 만약 주제문이 없으면 주제문을 써 넣으시오.

1. Of all the forms of art, music is the freest. Music does not belong to the physical reality. It has little to do with our daily lives. Therefore, it takes us away from the banality of life. Because we can travel through the imaginative world on the wings of music, we can enjoy its freedom, forgetting our daily chores.

2. My roommate is a wonderful person. He is rather short for an American. Unlike many other Americans, he is kind to the students from other countries. He often invites foreign students to his house, and helps them with English. He is fully dedicated to his own studies and compassionate to the people in need. He visits an orphanage every weekend, and plays with lonely children for a couple of hours. He has several hobbies, one of which is to collect Oriental cultural things. I cannot but like him.

3. These days, to travel to hidden, remote, and quiet places is becoming a new trend in Korea. In vacation seasons, some people prefer camping on the deep forest areas or by the unknown riversides to visiting the famous resorts which are crowded with a lot of people. But should we allow tourists to travel every corner of Korea just because they like the place? No, we should not. If people are allowed to go every nook and cranny, and pollute the pure water, the whole nation will begin to suffer from the shortage of pure water sooner or later. Remote and secluded spots should be preserved from the indiscreet human contact.

4. Of many kinds of human relationship, parent-child relationship is, perhaps, the most precious one. This relationship, however, is one-sided, not reciprocal. Parents often make great sacrifices for their children. Whatever their children may ask or do, parents are always behind them, ready to meet every need of their kids. But what do children do to their parents, except that they ask more and more endlessly, taking their parents' sacrifice for granted?

5. Psychology is actually a far more dangerous than physics. Every real operational advance in psychology has led to a further erosion of human independence and freedom. For instances, Pavlov's conditioned reflexes

led to methods for the brainwashing of prisoners. Psychoelectrical studies led to the lie detector. Psychochemistry led to truth drugs. We are just at the beginning. It is not individual welfare but the welfare of commercial organizations and governments and dictators that profits most from new psychological knowledge.

6. Electronic microscopes reveal the tiny cells of plants that are many times smaller than ever before seen. Huge telescopes explore the heavenly bodies previously unknown to humanity. Computers store reams of facts. Atomic-powered submarines wander the oceans without refueling.

7. According to some philosophers, experiences are uncommunicable. Words, used to refer to a person's experiences, can be intelligible only to the person. No one else can understand the words, because no one else can get into the person's mind to verify what the words express. What can be communicated is only structures. There is no means of knowing that others and I have the same kind of sensations or feelings. I even cannot tell that others and I mean the same by the same words. For example, when we use the word, "red," the shade of each physical object each person associates with this color may be different from one another. That is because the perceptions of others may be utterly different from mine.

8. Of all the characteristics of human nature envy is perhaps the most unfortunate. The envious person wishes to inflict misfortunes, and thinks himself unhappy. Instead of finding pleasure from what he has, he derives pain from thinking what he does not have. He wants to deprive others of their advantages, while he himself is desperate to acquire those advantages. If this passion is not controlled, it can be destructive and fatal.

9. We are living in an age of discomfort and social upheaval. Though our country has grown powerful and rich, we have become more insecure and anxious than ever before. We enjoy an abundance of material things that our ancestors had never imagined just thirty or forty years ago. But we are not happy about our positions; neither are we confident about our future. We compare our wealth with others' endlessly, and suffer from the sense of an objective deprivation. The younger generations suffer a lot from the lack of job opportunities. We are not sure about where we are going and how we should deal with our unforeseen future.

10. The simplicity of life is the highest and sanest ideal for civilization and culture. When a civilization loses simplicity, it can become increasingly full of troubles. People become the slaves of the ideas, thoughts, ambitions, endless competitions, and social systems which are the product of civilization itself. Burdened heavily with this load of ideas, ambitions, and social systems, people seem to lose their dignities as human beings, because they let themselves controlled by things and are unable to rise above them.

C. 아래의 각 문단에서 통일성을 해치는 문장(들)이 있으면 그 문장(들)에 밑줄을 그으시오.

1. In most cities the water we need gushes forth at the mere touch of a faucet, so we use it lavishly without thinking of the people who suffer from the lack of clean water to drink. In big cities, each person consumes large amounts of water a day, for flushing, bathing, laundry, dishwashing, and plant watering in addition to for drinking and cooking. But this does not cover the much greater consumption in agriculture and industry. Moreover, the amount of water consumed daily in the tourist resorts and hotels all over the world is simply

beyond our imagination. In many countries, cities and towns lack any municipal supply of pure water. How long our supply of water will last if we continue to drain it so recklessly?

2. One of the most important duties of newspaper is to inform the reader the real fact of any stories. But unfortunately newspapers warp the news frequently. A paper with a strong political bias hides a story favorable to the opposing party, and gives large headlines and a front-page position to news favorable to its own party. Headlines are written by those highly skilled in their jobs. Once the drudges of the newspaper office, these news writers in recent years have been accorded greater respect. Newspapers even distort the facts and instigate the reader to revolt against the opposing party. We should have discerning eyes not to be misguided by the false information of such newspapers.

3. Children are the future of any human society. They have every human right to be loved and well taken care of. But there are a lot of children who are denied their birthright to be taken care of properly. For instance, more than 100 million of the world's children cannot go to school. Their right to learn is totally neglected. Boys either spend their time on the street, and are easily exposed to evil doings, or are sent to factories or construction fields. Girls are forced to stay home and help their mothers or work outside. Even young girls in their early teens are forced to get married to rich men as old as their uncles or their own fathers. In some poor countries, parents don't practice birth control to have as many children as possible. We should protect these children not only for themselves but also for a healthy society.

4. Read not to contradict and confute; nor to believe and take for granted; nor to find talk and discourse; but to weigh and consider.

Some books are to be tasted, others to be swallowed, and some few to be chewed and digested: that is, some books are to be read only in parts; other to be read, but not curiously; and some few to be read wholly, and with diligence and attention. Reading makes a full man; conference a ready man; and writing an exact man.

(Francis Bacon, "Of Studies"에서 발췌한 것임)

5. A principal fruit of friendship is the ease and discharge of the fullness and swellings of the heart, which passions of all kinds do cause and induce. Diseases of suffocations are the most dangerous in the body, and it is not much different in the mind. It is not easy to keep friendship after we graduate from schools. A true friend is one to whom we may impart griefs, joys, fears, hopes, suspicions, counsels, and whatsoever lies upon the heart to oppress it.

6. Football is a very successful sport on television. First of all, football has such a variety of actions that we are not bored while watching it. Baseball is also very popular in my country these days, but football is more interesting. Another reason is that we can see the game better on TV than in the ground. Close-up shots, multiple cameras, instant replay, and the expert's commentary make the living room as good as the best seat in the stadium. Lastly, it is good for advertising. Because football pleases both TV viewers and advertisers, it can be a big success on TV.

7. Among all the ethnic groups in California, the largest four groups are whites, Hispanics, Asians, and blacks. This makes it the most populous state in the United States. About a quarter of the population is under the age of 18. Now whites are slightly more than a half(59.5%) of whole population. But the statistics are open to change any time because Hispanic and black populations grow more rapidly than any other ethnic groups. Few visitors to California know many statistics about the state.

8. There is no sacred space around human beings any more. It's not necessary to approach them with the tentativeness and respect that civilization always accorded them. People now are out there in the open field as if they are fair game. This is true in many spheres, including our sexual life and the education of our children. Today there's disillusionment at the failure of the experts, but the experts fail partly because they are experts. We almost automatically turn our kids over to the computers to be taught. It seems that the teacher with her or his personal aura or penumbra doesn't matter any more. We learn everything we need to know from a box.

(Saul Bellow, "Too Much for Intellectuals"에서 발췌한 것임)

9. English has lots of foreign words, many of which are food names. How do foreign food words come into English? Some of them come with the immigrants who move from other countries into English-speaking countries. They bring their favorite foods from home and their names. Cultural exchange is another way foreign food words become a part of English language. English speakers like these foods and use their original "foreign" names. Sometimes there are English equivalents for the same things, but people prefer the original names for the food to the English words.

10. Identical twins develop from one egg. They share the same DNA. They are very much alike in the ways that they look, talk, and behave. They can only be two boys or two girls, not a boy and a girl. People usually have a difficult time distinguishing identical twins apart. There are two kinds of twins, fraternal and identical. Identical twins look the same to most people; sometimes their close friends or even their own father can't tell one from the other. Besides looking alike, they often share the same hopes, dreams, and goals. Scientists also report that they share the same taste in food and the same eating habits.

제 3 부 에세이쓰기

이제까지 문장쓰기와 문단쓰기 연습을 충분히 했다면, 에세이쓰기는 생각보다 쉽다. 문장들이 모여서 된 것이 문단이듯, 문단들이 모여서 이루어 진 것이 에세이이기 때문이다. 이제까지 영문 에세이를 단 한 편도 써 본 적이 없다고 해도 두려워할 필요가 없다. 이제부터 자신감을 갖고 좋은 글을 쓸 수 있도록 차근차근 학습해 보자.

제1장 에세이의 구성

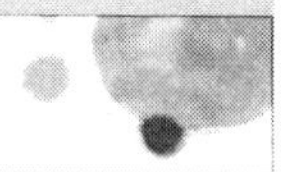

에세이는 **서론(Introduction), 본론(Body), 결론(Conclusion)**의 세 요소로 구성된다. 서론과 결론은 각각 글의 시작과 끝부분으로서 비교적 간략하게 쓰는 반면, 본론은 글의 주요 내용에 해당하므로 서론과 결론에 비하여 길고 상세히 다룬다. 따라서 글의 분량은 본론의 길이에 따라서 결정된다. 이 세 부분에서 다루어야 할 내용은 아래와 같다.

1. 서론(Introduction)

글의 모든 부분이 다 중요하지만, 서론은 특히 중요하다. 서론은 글을 시작하는 첫 부분으로서 전체 글의 느낌을 좌우하기 때문이다. 마치 우리가 누군가를 만났을 때 첫 인상이 그 사람에 대한 평가에 지대한 영향을 끼치는 것과도 흡사하다.

(1) 서론의 구성

서론은 **'오리엔테이션'(Orientation)**과 **'논제'(Thesis/Thesis Sentence/Thesis Statement)**의 두 부분으로 나뉜다. 오리엔테이션에서는 글의 주제(Topic)에 대하여 독자의 관심과 흥미를 끌기 위해서 필요한 배경을 제공한다. 논제(Thesis)는 서론에서 분명히 진술되어야 하며, 대체로 서론의 제일 끝에 온다. 때때로 논제가 서론의 제일 앞에 소개되기도 한다. 논제를 명시하는 대신 간접적으로 암시하기도 하지만, 기초 단계에서는 논제를 명확히 진술하는 연습이 필요하다.

예 1.

Orientation These days lots of university students and even some of high school students experience a variety of side jobs. In the past, there were not many side jobs available for youth. But as time goes by, a lot of different side jobs are open: from simple selling jobs to complicated businesses. **Thesis** **I will introduce three interesting side jobs: the salesclerk of a shop, the local tour guide, and teaching the Korean language to foreigners.**

예 2.

Orientation Is there anyone who is free from stresses? I used to have lots of stresses when I talked to people, and had relations with friends and family. My attempts to understand them caused stresses. When I studied in the classes or by myself, and confronted difficult problems, I also got

Thesis stresses. **But after a long suffering, I finally found three ways to get out of stresses: they are going out to change the mood, having a sense of humor, and changing the way of thinking.**

예 3.

Orientation In the past, when women were not given school education, most women stayed home as homemakers, doing all kinds of house chores, taking care of babies, and attending their men. The life of women in those days was not easy, of course. And economically they were totally dependent upon their husbands or other male figures in their houses. But, at least, they had no identity crises because their role was focussed on one: the homemaker. That

Thesis is not the picture of a modern woman any longer. **In the modern society a lot of woman suffer from a superwoman syndrome: to be a beautiful lady, an able homemaker, and a competent career woman at the same time.**

> Notice
> 본론에 들어가기에 앞서 글의 주제(Topic 또는 Subject)와 논제(Thesis)의 차이를 분명히 알 필요가 있다. 아래의 예들을 살펴보자.

(2) 주제(Topic)와 논제(Thesis)의 차이

주제(Topic)는 글의 **주요 테마**를 말하며, **논제(Thesis)**는 **주제에 관한 구체적이며 명확한 진술**로서 글의 핵심 내용을 말한다. 또한 논제(Thesis)에는, 향후 글이 어떤 방향으로 전개될 것인지 암시하는, 즉 **방향타(Essay Map)**의 역할을 하는 구체적 내용들이 포함된다. 이 구체적 내용들은 본론의 각 문단의 주제문(Topic Sentence)을 구성하는 핵심이 된다.

예 1. **Topic:** Side jobs for students

Thesis: I will introduce three interesting side jobs: the salesclerk of a shop, the local tour guide, and teaching the Korean language to foreigners.

2. **Topic:** Ways to get out of stresses

Thesis: But after a long suffering, I finally found three ways to get out of stresses: they are going out to change the mood, having a sense of humor, and changing the way of thinking.

3. **Topic:** Superwoman Syndrome

Thesis: In the modern society a lot of woman suffer from a superwoman syndrome: to be a beautiful lady, an able homemaker, and a competent career woman at the same time.

4. **Topic:** My college life

Thesis: Three most important things I would like to do in college are reading books, meeting a variety of people, and establishing the philosophy of life.

5. **Topic:** Plastic surgery

Thesis: Plastic surgery becomes very popular these days, regardless of age and sex: it satisfies people's desire to be beautiful, the beautiful appearance gives people self-confidence, and external beauty itself becomes a power in the secular society.

6. **Topic:** The power of books

Thesis: The power of books is really great because through books we can get information or knowledge, have indirect experiences beyond time and space, and learn the skill of writings.

7. **Topic:** Traveling a foreign country

Thesis: In order to maximize the effect of traveling a foreign country, we have to prepare in advance, studying its language, its culture and history, and its geography.

8. Topic: Love and Marriage

Thesis: There are three things to consider for an ideal marriage: the mutual trust and respect between the couple, the similar social background of the two, and enough money to manage a proper life.

9. Topic: Sports game

Thesis: Out of many benefits of sport, I love sport especially for the following three reasons: it helps us to keep our physical fitness, to be relaxed from daily anxieties and worries, and to enhance the spirit of cooperation.

10. Topic: Favorite things

Thesis: Movies, which are simply a pastime to some people, are the best answer to the boredom of my life since in movies I see a variety of colorful and interesting scenes changing rapidly, travel with actors in a time machine, and enjoy all kinds of people, young and old, in the audience.

연습문제 20

A. 아래의 주제(Topic)에 관한 적절한 논제(Thesis)를 적어 보시오.

1. Topic: The impotance of leisure

   Thesis: ______________________________

   ____

   ____

2. Topic: Human rights

   Thesis: ______________________________

   ____

   ____

3. Topic: Smoking cigarettes of young people

Thesis: ______________________________

____

____

4. Topic: Computer games

Thesis: ______________________________

____

____

5. Topic: The popularity of Kimchi

Thesis: ______________________________

____

____

6. Topic: The divorce of parents

Thesis: ______________________________

____

____

7. Topic: Problems of English education in Korea

Thesis: ______________________________

____

____

____

8. Topic: Higher education

Thesis: ______________________________

____

____

9. Topic: Leadership

Thesis: ______________________________

____

____

10. Topic: Cultural heritage

    Thesis: ______________________________

B. 아래의 논제(Thesis)를 도출할 수 있도록 적절한 오리엔테이션(Orientation)을 작성하시오.

1. Culture is essentially a product of leisure. It is our leisure hours which make life pleasant, carefree, and endurable.

2. Out of many birthrights of human beings, the most important ones are freedom, equality, and love.

3. Smoking cigarettes is the road to serious diseases including lung cancer, incredible medical bills, and a tragic end.

4. The computer game, if not properly used, can destroy the lives of young kids. They may lose interests in other activities, they may not distinguish reality from fantasy, and, worst of all, they might imitate the evil actions of its characters.

5. Nowadays Kimchi becomes very popular among foreigners because Kimchi is known to be a delicious, nutritious, and low caloric diet.

6. The divorce of parents has a far-reaching influence on their children in their personalities, self-identities, and their future.

7. Out of many problems of English education in Korea, the most important three are as follows: too many students in one class, the unbalanced teaching of four skills of English, and no place for students to practice what they learn in school.

8. The real goal of a higher education is not simply to help the student to get a job. It is to help the student to be an independent and mature person equipped with an ability of proper judgment and choice.

9. The three cardinal qualities the leader must have are the power of vision, comradeship, and the spirit of service.

10. We have to teach the importance of the cultural heritage of our nation to the younger generations.

2. 본론(Body)

본론은 글의 중심부로서 저자가 주장하고자 하는 내용을 심도 있고 설득력 있게 제시하는 부분이다. 따라서 본론은 논제(Thesis)를 충분히 지지하고 입증할 수 있도록 여러 문단으로 구성되며, 본론의 문단 수가 많아지면, 자연히 글이 길어진다. 에세이의 길이는 물론 저자의 계획과 의도에 따라 결정되는 것이므로 글의 길이를 인위적으로 제한하는 객관적인 원칙은 없다. 그러나 설득력 있는 글을 위해서 일반적으로 요구하는 최소한의 문단 수가 **3 문단**임을 유념하라.

본론의 각 문단은 논제(Thesis)를 뒷받침하는 **①하나의 주제문(a Topic Sentence)과 ②주제문을 뒷받침하는 여러 문장들**로 구성된다. 각 문단의 주제문은 논제에 언급된 세 가지 구체적 요소들(Essay Map)을 중심으로 구성된다. 논제에 방향타가 명시되지 않는 경우에는 논제를 뒷받침하는 3개(이상)의 주제문을 먼저 작성한 후 각각의 주제문을 중심으로 본론 문단을 작성한다.

3. 결론(Conclusion)

결론은 글의 종결부로서, 서론과 본론 못지않게 매우 중요하다. 독자는 결론의 내용과 함께 글 읽기를 마치기 때문이다. 빈약한 결론은 앞부분의 좋은 글에 손상을

입히나, 좋은 결론은 서론과 본론의 빈약한 내용을 보충하기도 한다. 결론을 맺는 4가지 방법들과 용례들을 소개하면 아래와 같다.

(1) 요약(Summary)

Grilling chickens, then, is quite simple. First you must choose quality meat. Next, don't forget to select a high-grade cooking oil. Then, it is important to baste and turn the meat regularly. If you just follow the process mentioned in this paper, you can do a first-rate job.

(2) 제언(Suggestion/Recommendation)

TV advertisers rely mainly upon subtle exploitation of the viewers' egos and senses, and only in a small way upon facts. And they are very persistent in persuading the viewers. If viewers are not careful enough, they can be victims of TV advertisers easily, and do things they would regret as soon as they do. Viewers should, therefore, become aware of what commercials are doing and critical of their messages.

(3) 예견(Prediction)

In conclusion, the destruction of the natural environment is one of the most challenging and serious problems facing mankind today. If this problem cannot be brought under control soon, the whole population of the earth will suffer from ever-increasing global disasters and dangers such as enormous earthquake, flood, and drought.

(4) 유용성 제시(Show Usefulness)

As mentioned above, these are the three most common and important direct expansion cooling systems. So all the students as well as the novice learners of refrigeration and air conditioning must be thoroughly familiar with all of these systems.

4. 제목(Title)

제목은 글의 다른 부분들에 비하여 소홀히 취급되는 경향이 있다. 그러나 제목 또한 중요하다. 제목은 글의 방향을 암시할뿐더러 독자의 호기심을 끌기도 하고, 관심을 떨어뜨리기도 하기 때문이다. 책을 고를 때도 제목이 가장 먼저 시선을 끄는 것처럼, 글의 제목은 글의 첫 인상을 좌우한다. 제목은 전체 글의 내용을 암시하는 동시에 독자의 호기심과 흥미를 끄는 매력적인 것이어야 한다. 제목이 지나치게 광범위하거나, 특색이 없거나, 긴 것은 피하는 것이 좋다.

예 1. **The Wrestler**

He got up early in the morning, thinking of escape. Circumstances were pretty bad these days. He was very angry thinking over what happened to him. The charge against him was too severe. It was ceratin that somebody had accused him out of jealousy. But he had no idea who that person was. He looked around the tiny room for a while. The lock of the room looked strong, but he could break it easily. The problem was that he had to find the perfect time. He had to run away far enough before anyone noticed his escape. His success or failure would depend upon his actions in the next few seconds. There was a death-like silence around him. The only sound which broke it was that of his heart beating loud and fast.

위의 글의 제목을 "**The Wrestler**"에서 "**The Prisoner**"로 바꾸고 이 글을 다시 한 번 읽어 보라. 동일한 글이 제목이 달라짐에 따라서 전혀 다른 효과를 자아내는 것을 알 수 있을 것이다. 이것은 제목의 암시성과 방향성을 단적으로 보여주는 예이다.

예 2. The whole process is really simple. First arrange materials into different groups. Remember that it is important not to overdo things at one time. That is to say, it is better to do a few things at once than too many. If you do too many things at one time, complications can easily arise, and machines will be out of order. As a result, you may have to pay a lot for a trifle mistake. After the process is done, arrange the materials into different groups again. Put them into their appropriate places. The whole cycle will be repeated very often than not as long as you use them.

위의 글에는 제목이 없다. 따라서 안내표지가 없는 길처럼, 짧은 글임에도 한 번 읽는 것으로는 그 뜻이 쉽게 파악되지 않는다. 위의 글에 "**Laundry**"라는 제목을 붙이고 다시 한 번 읽어 보라. 처음보다 글의 이해가 훨씬 쉬워졌을 것이다. 제목은 이렇게 독자를 글의 핵심으로 안내하는 길잡이 역할을 한다.

연습문제 21

A. 아래의 글에 적절한 제목을 붙이시오.

1. ______________________________

A classic is a work which gives pleasure to the minority of people intensely interested in literature. It lives on because the minority is curious and is engaged in an eternal process of rediscovery. A classic does not survive for any ethical reasons. Neither does it survive because it conforms to certain canons. It survives only because it is a source of pleasure and because the passionate few can no more neglect it than a bee can neglect a flower. The passionate few do not read the right things because they are right. The right things are the right things because the passionate few like reading them.

2. ______________________________

Character is always associated with something old and takes time to grow, like the beautiful facial lines of a man in middle age, lines that are the steady imprint of the man's evolving character. It is somewhat difficult to see character in a type of life where every man is throwing away his last year's car and trading it in for the new model. As are the things we make, so are we ourselves. We love old cathedrals, old furniture, old silver, old dictionaries and old print, but we have entirely forgotten about the beauty of old men. I think an appreciation of that kind of beauty is essential to our life, for beauty, it seems to me, is what is old and mellow and well-smoked.

3. ______________________________

"I don't love you 'that way' anymore." The words were echoing in my mind. "I don't love you 'that way.'" What "way" was he talking about? It had come to me like a slap in the face. Time had suddenly stopped. Had I missed something? Two weeks ago were we not the perfect couple, whom everyone idolized? "I don't love you 'that way' anymore." The words still hummed through the air.

Drifting back to this morning, I remembered the sky was gray and bleak. The clouds seemed to forecast the down-pour which inevitably would come. It was going to storm. When my best friend dropped me off at his house this evening, she knew something dreadful was about to happen. I smiled back, but I could not hide the truth. The house, once a place of laughter and happiness, was now a stranger unusually cold.

Looking up at him finally, I realized he had been waiting for a response. My throat tightened and my hands grew clammy and cold. Pushing back the tears, I explained how I knew that this time would be coming. "We need a break from each other," I began, "to learn to be friends again. We just need some time apart." I had to pretend that everything would be all right. If I thought about it too much, I knew that the already threatening tears would bare my true feelings.

"I still love you," suddenly his voice began to crack, "just not as a girlfriend." As my eyes darted up, I caught the sparkle of what appeared to be a tear. Was he crying for me? "You mean so much to me," he whispered.

"How can I ever let you know?" Sobbing, he threw his head down. Instinctively, I reached for him and put my arms around his shoulders. "Yes, he loves me," I thought to myself, just not "that way."

B. 다음은 A4 용지 1-2 페이지 분량에 해당하는 짤막한 에세이의 제목들입니다. 이 제목들을 더욱 간결하고 효과적인 것이 되도록 수정하시오.

1. A Memory of School Excursion in Jeju Island

____

2. There Are Some Essential Qualifications to Be a Good Leader

____

3. Three Stories That Make Important Momenta in My Life

____

4. An Influence of Father in My Life

____

5. Gene Cloning Should Be Stopped

____

6. My Opinions on the Free Sex Before Marriage

____

7. The Meaning and Value of Names

____

8. Why Divorce Is Not Utterly a Bad Thing

____

9. Four Exotic Foods I Have Ever Eaten in My Life

____

10. Shutdown System

____

제2장 에세이의 기본 틀(Essay Format)

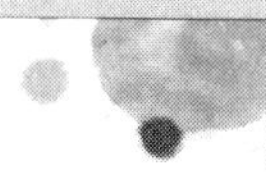

제목(Title)

저자명 : Sun-hee Lee

서 론

Orientation: ① 독자의 관심/흥미 유발
② 주제 관련 배경 제공
Thesis: 일반적 → 구체적

본 론

제1주제문 (Topic Sentence 1)
지지문들 (Supporting Sentences)

제2주제문 (Topic Sentence 2)
지지문들 (Supporting Sentences)

제3주제문 (Topic Sentence 3)
지지문들 (Supporting Sentences)

결 론

요약, 제언, 예견, 정보의 유용성 제시
중에서 가장 적절한 것 선택

* 문단/문단 사이의 자연스러운 흐름이 필수

제3장 샘플 에세이들(Sample Essays)

예 1. **Things I Want to Do in My College Life**

서 론 There are many things I expect to do while I am in college. First of all, I will attend classes and listen to lectures, and participate in discussions actively. I will travel to many places I have never been, including foreign countries. I will participate in extra curricular activities, and help the people in need. I will try to have a lot of experiences, which will help me grow into an independent adult. Among these the three most important things I would like to do in college are reading books, meeting a variety of people, and establishing my philosophy of life.

본 론 Reading books is my foremost important task because I believe books are the best teachers. Through books I can get a lot of new information, and I can go everywhere beyond time and space. Reading as many books as possible, I will acquire much knowledge and expand the horizon of my intelligence, which is necessary for the mental and spiritual growth. My reading list will include not only books of my major field, but also books in general. I will also read books on my hobbies.

If reading deepens my search for knowledge, meeting a variety of people will help to broaden my perspective of reality. College is a good place to meet people with different tastes and backgrounds. Including students in classes or in extra curricular activities, professors with different majors, visiting scholars from home and abroad, students from other countries, and even office workers on campus—all of these are great assets through whom I could broaden my views of the world and learn how to communicate with others and live in harmony.

These experiences of reading books and meeting various people will eventually contribute to the establishment of my philosophy of life. Like most of students, I am also concerned with getting a job, and I will try hard to get one. But establishing the firm philosophy of life seems more important than getting jobs. It's because if I lack the ultimate purpose and meaning of my life, I would astray in the middle without a distinct direction of my life. I might wander spiritually, without real happiness, without the sense of mental and emotional satisfaction. Without the proper philosophy of life, I may not know how to use my ability and wealth in right ways, no matter how successful I might be in my job.

결 론 Reading books, meeting a variety of people, and establishing my philosophy of life will be the focus of my college life. But I don't want my college days to be dull or dry. I will try to make it joyful, exciting, and interesting as well. I will do my best to make my college days filled with pleasure and fun as well as sincere studies and deep meditations.

해설

1. **제목:** **"Things I Want to Do in My College Life"**는 특별히 매력적이거나 독창적인 제목은 아니지만, 글의 주제를 명료하고 간결하게 전해준다.

2. **구성:** 이 글은, 에세이의 기본 구성요소인 **5 문단**(서론과 결론 각 한 문단; 본론 세 문단)으로 구성되어 있다.

3. **서론**

There are many things I expect to do while I am in college. First of all, I will attend classes and listen to lectures, and participate in discussions actively. I will travel to many places I have never been, including foreign countries. I will participate in extra curricular activities, and help the people in need. I will try to have a lot of experiences, which will help me grow into an independent adult. **Among these the three most important**

things I would like to do in college are reading books, meeting a variety of people, and establishing my philosophy of life.

서론의 오리엔테이션 부분에서 저자는 대학시절에 할 수 있으리라 기대하는 여러 가지 일반적인 내용들에 관해서 언급한 후, 서론의 끝부분에서 "**대학시절에 내가 하고 싶은 가장 중요한 세 가지는 책을 읽고, 다양한 사람들을 만나며, 나의 인생철학을 정립하는 것이다.**" 라는 논제를 명확히 제시했다.

본론에서 저자는, 논제에 명시된 대로 자신의 대학생활에서 가장 중요한 세 가지 것들, 즉 **(1) reading books, (2) meeting a variety of people, (3) establishing my philosophy of life**를 차례로 언급하게 될 것이다. 즉, 이 세 가지 내용이 에세이의 방향타(Essay Map) 역할을 하며, 본론 각 문단의 주제문(Topic Sentence)을 구성하게 될 것이다.

4. 본론

(1) **Reading books is my foremost important task because I believe books are the best teachers.** Through books I can get a lot of new information, and I can go everywhere beyond time and space. Reading as many books as possible, I will acquire much knowledge and expand the horizon of my intelligence, which is necessary for the mental and spiritual growth. My reading list will include not only books of my major field, but also books in general. I will also read books on my hobbies.

(2) **If reading deepens my search for knowledge, meeting a variety of people will help to broaden my perspective of reality.** College is a good place to meet people with different tastes and backgrounds. Including students in classes or in extra curricular activities, professors with different majors, visiting scholars from home and abroad, students from other countries, and even office workers on

campus—all of these are great assets through whom I could broaden my views of the world and learn how to communicate with others and live in harmony.

(3) **These experiences of reading books and meeting various people will eventually contribute to the establishment of my philosophy of life.** Like most of students, I am also concerned with getting a job, and I will try hard to get one. But establishing the firm philosophy of life seems more important than getting jobs. It's because if I lack the ultimate purpose and meaning of my life, I would astray in the middle without a distinct direction of my life. I might wander spiritually, without real happiness, without the sense of mental and emotional satisfaction. Without the proper philosophy of life, I may not know how to use my ability and wealth in right ways, no matter how successful I might be in my job.

독자의 예상대로, 본론에서 저자는 자신의 대학생활에서 가장 중요한 세 가지, 즉 (1) reading books, (2) meeting a variety of people, (3) establishing my philosophy of life를 골자로 각 문단의 주제문(Topic Sentence)을 구성하였다. 특히 각각의 주제문은 상호 아무런 관련성 없이 따로 따로 언급되는 대신, 상호 밀접하게 연결되어 있어서, 글 전체의 유기적인 전개와 자연스러운 흐름을 돕고 있음을 볼 수 있다.

또한 세 문단 모두 주제문으로 시작되고, 각 문단의 주제문은 문단의 나머지 문장들의 지지를 받는다. 각 문단에서 주제문의 내용과 상관이 없거나 문단의 통일성을 저해하는 문장은 하나도 없다. 따라서 본론은 글의 논제를 잘 뒷받침하는 동시에, 짜임새 있게 구성되었다.

5. 결론

Reading books, meeting a variety of people, and establishing my philosophy of life will be the focus of my college life. But I don't want my college days to be dull or dry. I will try to make it joyful, exciting, and interesting as well. I will do my best to make my college days filled with pleasure and fun as well as sincere studies and deep meditations.

저자는 결론에서 다시 한 번 전체 글의 논제를 간결하게 상기시킨다. 그리고 진지한 목표들을 추구하는 동안 자칫 지루해 질 수도 있는 대학생활을 즐겁고 유쾌하게 보내기 위한 노력도 게을리 하지 않으리라는 의지를 보인다. 이글은 저자가 대학생활을 통해 진지함과 재미라는 두 마리 토끼를 모두 잡을 수 있으리라는 기대와 함께 끝난다.

예 2. **The Stereotyped Image of Woman**

논 제 **There is a familiar image of woman in the Korean society.** We get the image not only from the private talks of women in beauty parlors or in coffee shops, but also from public sources, such as popular magazines and newspapers. Most of all, we get the image from advertising, in every kind of mass media, and especially from movies and TV programs.

주제문1 **Woman is a wonderful creature.** Young or old, she spends a lot of her time just making herself beautiful, and thus attractive for men. If she isn't busy changing her hair color or hairdo, she may be occupied with making her skin soft and her figure slim. Her main problem in life is to preen herself slender and stylish in a society, where being feminine is always identified with caring about how she looks. It is no wonder that Korea has become the paradise of plastic surgery.

<u>주제문2</u> <u>**As a homemaker, woman is also remarkable**</u>. Her house is both beautifully decorated and immaculately kept. Her floors shine, mirrorlike, from the application of the latest find she got through TV home shopping; her carpets are luxurious and fragrant; and her kitchen is perfectly equipped with the trendy household appliances imported from foreign countries. If there is any opening of the new Model-house, she is already there.

<u>주제문3</u> <u>**Woman is certainly a lucky figure**</u>. Loved, protected, and indulged with narcissism, she is intact from the challenges of the harsh world. Yes, she has her duties, but they are all of pleasant, feminine kind. If a woman does real work, and if she has clambered up to a leading position in politics, law, medicine, business, or whatever, she brings under suspicion her very capacity to be objective, professional, authoritative, or thoughtful. Then, why does she bother herself trying to be equal to man, when she could take a rest under the shelter of her man.

<u>결 론</u> For the majority of woman in Korea, even in 21st century, the main problem is not to develop, to compete, to survive as an independent soul in the world of constant change and turmoil. She could simply remain an attractive, remarkable, and lucky figure and enjoy herself, becoming an ideal lady to the satisfaction of her man.

Notice
위의 글에서는 논제(Thesis)가 서론의 제일 앞에 나온다.

제4장 에세이의 전개 방식들

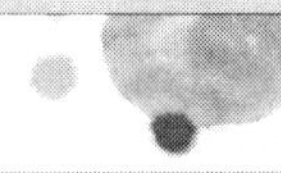

좋은 글을 쓰기 위해서는 여러 다양한 전개 방식들을 익혀야 한다. 그 중에서도 가장 빈번하게 사용되는 것들을 소개하면 다음과 같다. 실제로 거의 모든 글에서 특정한 방식보다는 여러 다양한 방식들이 적절히 혼용되어 있음을 볼 수 있다.

1. 묘사(Description)

묘사란 문자 그대로 어떤 사람, 사물, 장소, 또는 현상을 보고, 생각하고, 느끼는 그대로 구체적이고 명료하며 현장감 있게 표현하는 것이다. 우리가 대화할 때 나만의 경험을 상대방에게 생생하게 전하기 위해 사용하는 시각적, 청각적, 후각적, 촉각적 이미지는 글쓰기에도 적용된다. 사실상, 묘사는 글쓰기의 가장 공통적인 요소로서 학기말 리포트로부터 가족에게 보내는 편지, 비즈니스 서한 등에 이르기까지 거의 모든 종류의 글에 사용된다.

효과적인 묘사를 위해서는 먼저 대상을 세심하고도 다각적으로 관찰하는 능력, 일관성 있는 관점(point of view), 대상을 처음부터 끝까지 시시콜콜 묘사하기보다는 가장 인상적인 점에 초점을 맞춤으로써 지루함을 피하는 것, 직유나 은유 같은 비유법, 형용사와 부사를 활용한 구체적이고도 생생한 서술 등이 요구된다.

또한 묘사에는 객관적 묘사와 주관적 묘사가 있는데, 글의 성격에 따라서 둘 중 하나를 택할 수 있다. 객관적 묘사는 주로 과학적인 주제를 다루는 글에서 사용되는 반면, 주관적 묘사는 주로 저자 자신의 경험을 묘사하는 경우에 사용된다. 그러나 이 두 가지가 반드시 분리되어야 하는 것은 아니다. 주제에 따라서는 두 가지가 다 사용될 수 있기 때문이다. 예컨대 어린 시절의 고향에 관한 글을 쓴다고 가정할 경우, 이제는 쇠락한 고향집에 관한 묘사는 객관적인 것이지만, 어린 시절의 향수와 더불어 사라진 시절에 대한 저자의 감상을 묘사하는 것은 주관적인 묘사가 될 수밖에 없다.

아래에 예시된 **"See Life"**는 매우 특이하게 생긴 다채로운 색깔의 조개껍질을 묘사한 글로서, 저자의 세밀한 관찰력과 탁월한 묘사력이 돋보이는 작품이다. 저자는,

아무 짝에도 소용이 없는 조개껍질 하나를 면밀하게 관찰하고 묘사하며, 그 과정을 통해서 삶의 근원적인 국면들에 대한 깊은 사유에 도달하고, 그 깨달음을 아름답게 서술하고 있다. 특히 저자는 조개껍질을 글의 화자(speaker)로 설정하여, 조개껍질의 관점에서 글을 전개한다. 이 글에서 감각적 이미지들이 효과적으로 사용되었으며, 객관적 묘사와 주관적 묘사가 잘 조화를 이룬다.

"A Flight of Freedom"도 저자의 관찰력과 묘사력, 그리고 삶에 대한 성찰이 엿보이는 좋은 글이다. 저자는 차를 타고 고속도로를 달리던 중 한 무리의 철새가 날아가는 광경을 보게 되자, 잠시 차를 멈추고 새와 더불어 자유로운 비상을 즐기는 자신을 묘사한다. 경찰차의 사이렌 소리에 다시금 현실로 돌아오지만, 도심 한 복판에서 잠시 인간의 삶의 자리를 돌아보는 저자의 여유가 돋보인다.

"A Bowl of Imagination"은 묘사와 상상력이 가미된 재치 있는 글이다. 저자는 외출준비를 하는 친구를 기다리는 동안, 친구의 방에 있는 빈 어항을 보면서 여러 가지 재미있는 상상을 하게 되고, 그 상상의 내용들을 구체적으로 묘사한다. 탁월한 묘사 덕분에 상상의 내용이 실제로 독자의 눈앞에서 펼쳐지는 듯한 착각마저 불러 일으킨다.

예 1. **See Life**

Holly Holloway

As you hold me in your hand, what do you see? I am not just an object you picked up one day on the sea shore because I was pretty: no, I am life—beginning, living now and the end.

While you gaze upon the hard, fast physical nature of the object in your hand, let your mind wander as it explores the many facets of life. Yes, my form is small, being only about two inches long and an inch wide, tapering at both ends, one more than another. Smooth and shiny with shades of tan and light brown traveling to medium brown is my texture and color. There are stripes of medium brown on all four upper edges and small circles of off-white across the rounded part of me. But I am more than just a sea shall: I am life.

I am life, the beginning. I am a cave with a tunnel through which water and light move. Water and light bring forth life in this cave; these forces have been the starting point of life or over a million years. No creature ever started without water or a source of light. This light may have been from the sun or a positive power in the universe. It does not matter; it is there. It moves through the tunnel of my cave with the water creating life.

I am life, living now. There are so many possibilities in your mind. I can be a baby fish, anticipating the tasty morsel of food its mother is bringing him; or a newborn mouse just opening his eyes, eagerly looking around to see his new world; yet again, I can be a rose bud, waiting to open up into the full glory of the perfect rose, and knowing the joy in your heart when I do. All of these are living, experiencing all they can comprehend. You are like them, in that, at this moment in time you are experiencing all that you can comprehend.

I am life, the end. All you see of me now is what I gave to this world, but the beauty will forever remain in your memory. My being lives no more in the realm of your reality. I will be remembered because of what I gave you. So shall you be remembered because of what you give to this world during your living, remembered long after your physical form travels to new realities you can not understand at this time. But such is one of the mysteries of life.

You did not pick me up of the beach just because I was pretty, and had the soft, soothing sound of the sea inside me. I was chosen because a power inside of you wanted to know the mystery and excitement of life. And since you are living now, you can discover all you want to know about life just by going within your own being. So, I say to you "See Life," and be joyful of the power of life inside you.

예 2. **A Flight of Freedom**

Todd Fent

As I drove down a highway, I noticed a large flock of birds in the sky above me. I was amazed by the number of birds which had gathered together for what I assumed to be their annual migration south. For a while, my attention turned away from the bird and focused on the cars around me and other surroundings. Then, I glanced into the sky and noticed that the birds had begun to align themselves in the sky into various formations.

I found this activity among the birds rather interesting, so I drove to a nearby park in hopes of getting a better view of them. I got out of my car and sat down under a large tree, which shaded me from the hot summer sun. I preceeded to watch the birds for only a few minutes, but the time seemed to last for hours.

The large flock of birds had, in no time at all, become an organized group forming a pattern of V or W in the sky. Watching this transformation was like seeing a military unit fall into attention after being given a command by their leader. I was amazed because each bird seemed to know exactly where to go as if it was given a designated place in the formation.

As I continued watching the birds, I imagined myself, in the form of a bird, flying along with them. I was the fourth bird from the center on one of the formations. As our shape glided on the wind currents, I began to notice the world from a different point of view.

Looking down, I see an advanced civilization full of corruption, violence, wars, and pollution. While I am flying with the birds, all my troubles are left behind. There are no laws which I have to abide by and I am not obligated to go to work or attend school. The freedom here among the birds is truly magnificent!

My dream ended as a police car rushed by with its sirens blaring and lights flashing. Walking back to my car, I recalled my dream. I remembered the tranquility I felt while flying in the sky. I also remembered flying on the wind currents and looking down on society.

I looked into the sky once more in hopes of seeing the birds. But they were nowhere in sight. With a feeling of peace, I drove off to reality once again.

예 3. **A Bowl of Imagination**

Michelle Kivela

It happened the other day when I was over at Rachel's house. I was just sitting there waiting for her to get ready, trying to keep my mind occupied. As I glanced around her room, I spotted her fish bowl, which was cheap, clear, and circular. It wasn't really a large bowl, only about half a gallon, but there was something about it that would catch a viewer's eyes. In addition, being empty, it stimulates a person's imagination. Rachel would often comment on what she "saw" in the bowl on particular days. I used to see just a nice fish bowl. On that particular evening, however, I began to let my imagination wander. I let my gaze and mind settle on the bowl.

First, I could easily imagine fish, maybe goldfish, swimming lazily around in circles, probably getting quite dizzy. Add some rocks and a little treasure chest, and the scene became complete. I could see a small child reaching and straining to try and feed the fish and the fish anxiously waiting at the water's surface for that little fleck to fall. As the child brings his hand away, knocking the bowl slightly, the water rocks gently side to side. I was enjoying my "vision"until Rachel interrupted it with a question about her hair. I sighed and turned back to the bowl. Her question didn't require an answer.

The bowl was just a bowl again. I had lost my great scene. Well, if I did it once, I could do it again. This time I began to envision a gray-haired woman with glasses, a very grandmotherly sort, filling the bowl with jelly beans. Two children, a boy and a girl, ran up pushing and shoving each other to reach the candy bowl first. The pig-tailed girl grabbed the bowl immediately barely allowing the grandmother time to jump out of the way. It was quite obvious that they were fighting over which one got the color they both claimed as their favorite.

Suddenly, Rachel's stereo was blaring in my ear as she yelled across the room that she loved that song. I let myself drift off again as I stared at the bowl. It was sitting outside on a cracked and ant infested sidewalk. A woman came out of a small house with a potted plant and a baby clad only in a diaper. She set the baby down on the grass, who immediately began eating anything he could grasp in his tiny hands. The mother kneeled down on the side walk and began to replant the plant into the bowl. Then, she leaned back on her heels and slapped her hands free of soil. Through the bowl a person could see the soil and roots of the plant, and as she poured water in it, one could see the route the liquid took. It left a pathway so much like an ant's that one would think it was an ant rather than water looking for the thirst-starved roots.

Rachel bounced the bed as she sat down on it proclaiming she was ready to go out on the town, bringing me out of my imaginary world. As we walked out of Rachel's room, I looked back and could see my reflection in the glass and beyond that a tiny world waiting for me.

2. 서술(Narration)

서술은 이야기하기, 즉 실제로 발생한 사건이나 사실, 또는 꾸며낸 이야기 등을 일련의 순서에 따라서 기술하는 것을 말한다. 흔히 저자의 추억이나 경험담, 스포츠 이벤트, 누군가의 성공담이나 자전적 이야기, 무엇인가를 만드는 과정, 허구적 이야기 등을 쓰고자 하는 경우에 서술 방식을 채택한다. 대체로 사건이나 내용을 연대순으로 기술함으로써 독자가 이야기의 흐름을 쉽게 파악하도록 한다. 그러나 독자의 흥미를 돋우기 위해서 제일 마지막 내용을 제일 먼저 언급한 후, 어떻게 그런 결과에 도달하게 되었는지 차례로 풀어나가기도 한다. 또는 영화나 소설에서처럼 플래시백(flashback) 기법을 사용하여 과거 사건들을 현재 장면에 도입하기도 한다.

서술에서는, 사건/사실의 전후관계를 설명하는 'transitional expression'을 적절히 사용하는 것이 중요하다. Transitional expression에는 "earlier, later, before, afterward, the next morning" 등 순서를 나타내는 표현들과, "for an hour, in that time, for a month" 등 지속 기간을 나타내는 표현들이 있다. 이것들은 사건/사실의 전후관계의 이해와 더불어, 글의 자연스러운 흐름을 돕는다.

서술에서 반드시 유념해야 할 점은 일관성이다. 저자는 "1인칭" 또는 "3인칭" 관점 중 하나를 택하여 관점의 일관성을 유지해야 한다. 시제에 있어서도 "현재" 또는 "과거" 중에서 하나를 택하여 일관성 있게 전개해야 한다. 서술의 시점이 일관성을 결여하여, 현재와 과거 사이를 수시로 왕래하면 좋은 글이 될 수 없다.

아래에 예시된 **"A New World"**는 저자가 초등학교 6학년 시절을 회상하며 쓴 글로서, 난생 처음 안경을 썼던 날의 신기한 경험을 진솔하고도 재치 있게 서술하고 있다. 눈이 나빠진 것의 발견으로부터, 안경을 처음 썼을 때의 생경한 느낌, 새롭게 펼쳐진 주변 모습들, 마침내 안경에 적응하기까지 차례로 서술하기 때문에 독자는 글의 흐름을 쉽게 따라갈 수 있다. 특히 안경을 쓰고 달라진 자기 모습이라든가 눈앞에 드러난 신기한 장면들을 구체적이면서도 애정 넘치고 코믹하게 묘사함으로써 글을 지루하지 않게 이끌어 간다. 이 글은 "1인칭" 관점과 "과거" 시점에서 일관성 있게 전개되고 있고, transitional expression의 사용도 적절하다.

"More Than A Game"에서 저자는, 농구 경기를 관람했던 어느 날의 경험을 서술함에 있어서, 경기보다는 경기장과 경기장을 가득 메운 관객들의 다양한 모습에 초점을 맞춘다. 경기가 시작되기 전의 텅 빈 경기장에서부터 경기 시작이 가까워 옴에 따라서 차례로 경기장의 빈자리를 채우는 사람들, 그리고 경기가 끝난 후, 마치 조금 전에 아무 일도 없었다는 듯, 다시금 고요가 깃든 경기장의 모습 등을 현장감 있게 묘사한다. "1인칭" 관점과 "현재" 시점의 묘사로 인해 글이 독자들에게 생생하게 다가온다.

예 1. **A New World**

Ihab Shamaa

It all began in my biology class when my teacher noticed that I had to squint in order to see the writing on the chalkboard. After class, I went to my teacher's office where she called my parents and told them that she thought I had a vision problem. The next day I went to the doctor who confirmed my teacher's suspicions. It was time for me to start wearing glasses!

I will never forget the day when we went to pick up my glasses. When I went to the clinic and put them on, it was the funniest feeling I had ever experienced. I could see so clearly that to a certain extent it hurt. This inanimate object completely changed my life. I began seeing the world from a different perspective, through glasses. Once on the street, I could not walk very well. I was lifting my feet much more than I needed. When my mother asked me about it, I replied, "Mom, I feel like I am wading through the pavement."

On the ride back home from the clinic I sat in the car astonished of what I was experiencing. The trees along the road seemed different although they were the same trees I had been seeing for a long time. They looked different because now I could see all of their branches and shape. As we continued our trip back home, I began noticing details I had never noticed before. I could clearly see people in the stores, read distant traffic signs, but most of all look at the beautiful girls sitting on the balconies. I was very happy and could not believe the drastic change I was going through. Finally when we approached home and were ready to park the car, I shouted, "Mom, there are houses at the end of the street." She looked at me with a big smile and started crying.

At home I stood in front of the mirror and looked at my reflection for more than half an hour. It was a completely different person, not the sixth grader I used to. The glasses changed the way I looked. My face seemed bigger and my nose smaller. My reflection was constantly changing. For brief moments, every "great" person that wears glasses appeared in the mirror. I saw my dad, my Math teacher, and even Einstein! It was not until then that I was really satisfied with my glasses.

Having to wear my glasses all the time made me feel strange. At first I thought of them as a new toy, a toy that hurt me to a certain extent. The eye pieces of my glasses were constantly pressing against the side of my head. The pain that the glasses used to cause me often made me take off, but little by little I realized that I just needed to give myself some time to get used to the glasses. After a while, I would not even feel them on my face. My new sight was too important to let a little discomfort bother me.

예 2. **More Than A Game**

Michael Phillips

Looking around at the vast empty basketball arena, one would not know that within the hour this place will be full of loud, screaming people. As I sit in the stillness, I can't help but anticipate the pandemonium that is about to occur. At the particular moment, if I was to yell out at the top of my lungs, I would hear nothing but my own echo.

A few people are starting to make their way in now. They seem to be quite sure of themselves and know exactly where they want to sit. As they sit down though, there seems to be a question as they look around, as if maybe there might be a better seat—since they do have their choice of the whole arena.

Well, more people are starting to flow in now and the noise level seems to be picking up. Curiously, why does everyone look alike? People are moving about anxiously, walking and talking hurriedly. As more and more fans fill the empty seats, it seems as though they all look alike. Why?

Five minutes to game time, and all of a sudden the home team appears on the court. The fans jump to their feet, leaving those seats that previously they had hurried in for. Now it becomes apparent why all the people look alike—they all are wearing the same color of clothes, the same color as the home team. People are screaming and clapping and the band is playing their favorite fight song.

The game has started, and the players are running up and down the court quite fast. The home team has jumped out to an early lead only to be caught by the visitors just as fast. Each team exchanges basket for basket, wondering if they will be able to hold their own. You can see the intensity in their eyes as they exchange ends of the floor, since each possession is crucial to the outcome. The crowd is as intense as the participants, and all eyes are on the players.

What is this—couples talking to each other, and others standing and running up the stairs to get a coke or more popcorn? I even see two girls chatting away without ever looking at the court. Why have they come to a game if they aren't watching it?

The team scores and people scream so loud that you can't hear the public announcer. They are quite pleased and nod in approval.

The game is coming to an end, and some people are leaving early. They are quite happy with the results they seem to be glancing back over their shoulders, just to make sure that by their leaving early the outcome won't change.

The horn sounds and the game is over. There are lots of cheering and clapping as people file out, quite pleased with themselves and the team. There are some who ask, "Who won?" But most know and are anxious to leave the arena to go celebrate the victory.

As I sit in my seat all alone, I gaze around only to see a few kids running among vast numbers of empty seats, playing tag. The arena seemed to empty as fast as it filled up. What is this game, that can bring a quite peaceful building into a place of bedlam, and back to silence, all within two hours?

3. 예시(Example)

예시는 일반적이고 추상적인 어떤 개념, 원리, 현상 등을 알기 쉽게 설명하거나 설득력 있게 전달하기 위하여 그러한 것들의 구체적인 예를 제시하는 것이다. 예시는 모든 종류의 글에서 가장 보편적으로 사용되는 방법들 중 하나이다. 예들을 적절히 제시함으로써 자신의 논지를 뒷받침한다거나, 추상적인 개념의 정의를 명료하게 하고, 기술하는 내용을 더욱 풍부하게 하며, 진행과정의 여러 단계들을 알기 쉽게 설명하기도 한다. 구체적인 예를 통해서 글의 내용을 독자들이 직접 보고, 느끼고, 공감할 수 있도록 돕는 것이며, 이로써 글의 전달효과를 고양시키게 된다. 간혹 저자가 예를 전혀 제시하지 않을 경우, 독자는 저자의 의도나 글의 의미를 정확히 파악하지 못하여 어렴풋이 짐작한다거나, 경우에 따라서는 저자의 의도와는 전혀 다르게 독자 나름의 방식으로 이해할 수도 있다.

아래에 예시된 글은 이 시대의 그릇된 성해방 풍조와 관련하여 사람들이 콘돔 사용에 대하여 얼마나 잘못 알고 있는지를 지적하는 글이다. 저자는 자신의 논지를 뒷받침하고 사람들의 그릇된 생각을 바로잡기 위하여 구체적인 예들을 효과적으로 제시하고 있다.

예

The False Myth of Condom

Sometimes people seem to be very foolish. Everybody knows that AIDS(Acquired Immune Deficiency Syndrome) is a fatal disease caused by a virus which breaks down the body's natural defences against infection. In fact, many people already died of Aids. And the patients dying of this disease are so miserable and wretched that we can not ignore the danger of this disease. But unfortunately many people are ignorant of the seriousness of this disease, and even think that they can enjoy safe sex any time if they only use condom. But it is a terrible mistake. Condom is not safe at all.

Doctors and nurses know that HIV, which can cause Aids, is so minute that it can be seen only through a microscope. Being made of latex, condom has lots of small pores on the surface, through which HIV passes. That condom can protect the human body from the penetration of HIV is simply a hypothesis which has not been scientifically proved yet.

According to some researches on condom effectiveness, using a condom only reduces the risk of contracting HIV by 83%, setting apart its risk of contracting other sexual diseases. No matter how careful people might be of using condoms, the infection rate of HIV from one person to another is 100%. There seem to be no ways to prevent HIV completely!

People say that if condom can not prevent HIV completely, it can reduce its danger to a certain extent. But specifically to what extent can it be reduced? This has never been answered in a satisfactory manner because no one knows the answer. The only thing we know certainly is that no one can be cured from Aids.

These are the real pictures of the false myth of condom. If we know the fact that about 50% of the people who currently have HIV are young people in their high teens or early twenties, perhaps we can not remain idle onlookers.

4. 분류(Classification)

우리는 자동차 종류, 태풍의 종류, 글의 문체들, 언어치료의 유형 등에 대하여 글을 쓸 때와 같이, 어떤 사물이나 현상, 견해 등을 그 공통점들을 토대로 몇 가지 유형으로 묶고자 할 때 '분류'라는 기법을 사용한다. 분류의 기초는 서로 다른 "class" 즉 등급, 유형, 범주 등이며, 등급이나 유형을 나누고자 할 때는 구분의 원칙이 있어야 한다. 예컨대, '올해의 TV 드라마'에 대한 글을 쓰고자 할 경우, 우선 드라마를 ①장르별로 액션 드라마, 코미디, 멜로드라마, 시사 드라마 등으로 분류할 것인지, 아니면 ②드라마 제작에 소용된 경비를 기준으로 제작비가 매우 저렴한 작품으로부터 엄청난 제작비를 들인 블록버스터까지 분류할 것인지, ③제작 국가를 기준으로 국내 드라마와 외국 드라마로 할 것인지 명확한 분류의 기준을 정해야 한다는 것이다.

유형의 기준이 흔들릴 경우는 좋을 글을 쓸 수 없다. 예컨대, 앞서 언급한 '올해의 TV 드라마'에 관한 글을 쓰는 데 있어서, 장르, 소요 경비, 제작 국가 등 다양한 기준을 한데 섞어 액션 드라마, 제작비가 많이 들어간 드라마, 외국 드라마 등으로 분류하면 좋은 글이 될 수 없다. 이런 글에서는 생략된 유형(코미디, 제작비를 적게 들인 드라마, 국내 드라마 등)에 관해서는 아무런 정보를 얻을 수 없기 때문이다. 또한 분류 기법을 사용하는 글에서 저자는 비록 특정 유형을 선호한다고 할지라도, 전체적으로 모든 유형을 객관적이고, 정확하고, 균형감각 있게 기술해야 한다.

아래에 예시된 글은 **"책에 어떻게 표시할 것인가"(How to Mark a Book)**라는 에세이의 일부이다. 여기서 저자는 사람들이 '책을 얼마나 읽었는가?' 그리고 '책에 얼마나 표시를 했는가?'를 기준으로, 책을 소유한 자들을 세 가지 유형으로 구분한다. 첫째 부류는 전집류와 베스트셀러를 모두 가지고 있되 그 책들을 전혀 읽지 않고, 만져보지도 않은 사람들, 즉 책이라기보다는 펄프와 잉크를 가진 사람들이다. 둘째 부류는 몇 권의 책을 제외하면 대부분의 책을 띄엄띄엄 건성으로 읽었을 뿐더러, 모든 책에 때가 묻지 않도록 깨끗이 보존하여 책을 단지 장식용으로 간직하는 사람들이다. 셋째 부류는 책의 많고 적음에 상관하지 않고, 가지고 있는 책에 열심히 표시를 해 가면서 여러 번씩 정독한 사람들로서, 이들만이 진정한 책의 소유자들이다.

예

Three Kinds of Book Owners

Mortimer J. Adler

There are three kinds of book owners. The first has all the standard sets and best-sellers—unread, untouched. This deluded individual owns woodpulp and ink, not books.

The second has a great many books—a few of them read through, most of them dipped into, but all of them as clean and shiny as the day they were bought. This person would probably like to make books his own, but is restrained by a false respect for their physical appearance.

The third has a few books or many—every one of them dog-eared and dilapidated, shaken and loosened by continual use, marked and scribbled in from front to back. This man owns books.

5. 비교와 대조(Comparison and Contrast)

삶은 선택의 연속이며, 선택은 비교 대상을 전제로 한다. 따라서 비교와 대조는 회사의 판촉용 문구에서부터 학생들의 학기말 리포트에 이르기까지 많은 글에 광범위하게 사용된다. 이 방법의 목적은 (1) 서로 다른 주제들이나 대상들을 명료하게 밝혀주기 위해서 그것들의 유사점과 차이점들을 설명한다거나, (2) 어떤 제도, 사물, 현상 등의 장점과 단점을 지적하기 위한 것이다. (1) 의 경우는 각각의 차이점들을 객관적으로 기술할 뿐이지만, (2) 의 경우는 대상들의 장·단점을 판단하는 저자의 주관적 기준이 개입한다. 예컨대, 새 대학입시제도와 구제도를 비교하는 글에서, 저자는 (1) 두 제도의 차이만을 설명할 수도 있지만, (2) 학생들의 객관적 평가를 위해서는 새 제도보다 구제도가 더 적합하다는 결론을 내릴 수도 있는 것이다.

비교와 대조법은 크게 **(1) 주제별 비교(Subject-by-subject)**와 **(2) 관점별 비교(point-by-point)**로 나뉜다. 예컨대, 두 가지 다이어트 방식을 비교하는 글을 쓸 경우, (1) 주제별 비교에서는 다이어트 방식별로 다이어트 방법, 체중감량 속도, 필요한 운동, 영양의 균형 등을 차례로 다룬다. (2) 관점별 비교에서는 각각의 비교 항목(관점) 별로 두 가지 방식을 대조해 나간다.

주제별 비교	관점별 비교
A 방식 다이어트	다이어트 방법
다이어트 방법	A 방식 다이어트
체중감량 속도	B 방식 다이어트
필요한 운동	체중감량 속도
영양의 균형	A 방식 다이어트
B 방식 다이어트	B 방식 다이어트
다이어트 방법	필요한 운동
체중감량 속도	A 방식 다이어트
필요한 운동	B 방식 다이어트
영양의 균형	영양의 균형
	A 방식 다이어트
	B 방식 다이어트

아래에 예시된 글은 위트(Wit)와 유머(Humor)를 비교한 것이다. 저자는 둘의 유사점과 차이점들을 객관적으로 나열하는 동시에, 장점과 단점을 제시함으로써 위트보다는 유머가 우리의 삶에 더 건강하고 따뜻한 웃음을 선사하는 것으로 묘사한다.

Wit vs. Humor

Charles S. Brooks

Wit and humor are the two mental faculties which give laughter and amusement to life. Life without these must be very dull and dry. Although it is not easy to draw an exact line between the two, we may think about some of the major differences between the two, and judge which one might give us healthier laughter than the other.

First of all, wit is the ability to say things which are both clever and amusing at the same time. But humor is simply the ability to understand and enjoy what is funny and makes people laugh. Figuratively speaking, wit is a sharp and lean creature, which uses even malice if necessary. On the contrary, humor is a friendly and comfortable companion, who tries to keep the peace with people around. If wit wears delicate silk in fashion, and changes frequently, humor is in humble homespun and never changes. Wit fits better in solo and in exquisite music, but humor comes in harmony with other voices and in popular music.

Wit is as quick and direct as a stroke of lightning, whereas humor is slow and diffuse like sunlight. Wit is mainly concerned with the current issues and things, but humor is interested with timeless things. Wit sets a snare to a victim, while humor stops whistling without a victim in its mind. Wit serves better at table, but humor does in mischance. Wit sits alone finding for a pithy answer, but humor laughs at another's foolish jest.

In this busy world, where we suffer from endless hard works, difficult problems to solve, and conflicts among people, we need a humorous friend rather than a witty one. A witty friend might bring as many laughs as the humorous one, but there would lack the catching at the heart. Of the two, humor is the more comfortable and pleasant. Real humor is primarily sympathetic; fun follows naturally.

("On the Difference Between Wit and Humor"에서 발췌한 것임)

6. 정의(Definition)

'정의'란 술어의 의미를 명백히 하여 개념, 정서, 가치 등의 내용을 한정하는 일이다. 예컨대, "문학이란 무엇인가?"라는 질문에 답하기 위해서 문학의 주요 특성들과 본질적 속성을 구체적이고 명료하게 설명함으로써 그 내용을 한정하는 것이다. 사실상 정의 내리기가 어려운 개념들도 많이 있지만, 사전적 정의만으로는 정확하고 총체적인 의미를 알 수 없는 경우, 심층적 정의 내리기가 요청된다.

작문에서의 정의 내리기는 사전적 정의 내리기와는 구분된다. '문학'이란 단어를 사전에서는 '작가의 상상력을 통해서 독자에게 호소하는 언어 예술의 총칭'이라고 간결하게 정의한다. 그러나 '문학이란 무엇인가'라는 주제로 글을 쓸 경우, 문학의 본질적 속성, 전반적 특성, 다양한 종류 등을 언급해야 하는 것이다.

아래에 예시된 글에서 저자는 복잡하고도 다양한 의미를 내포하는 '낭만주의'라는 개념을 정의함에 있어서, 다양한 함의들을 낱낱이 열거하기보다는 낭만주의의 핵심적인 특징이 무엇인가에 초점을 맞춤으로써 이 사조의 가장 중요한 본질에 접근하고자 시도했다.

예 **The Essence of Romanticism**

To define any concept in a completely satisfactory manner is an impossibility. Especially it is so with the term, Romanticism. As Donald Thomas says in *The Post-Romantics*, "To define romanticism is like trying to catch the bubble in a spirit-level. No one doubts that it exists, for everyone can see it. Yet at the first attempt to imprison it in a formula, it changes shape and dances away." F. L. Lucas, in *The Decline and Fall of the Romantic Ideal*, counted 11,396 definitions of romanticism. Nonetheless it will be helpful to try to define the term in order to understand the term as clearly as we can.

Romanticism, first of all, can be seen as a state of mind, a kind of artistic temperament rather than an ideology or dogma. As a general and permanent characteristic of mind, art, and temperament, it can be found in almost all periods of Western culture. For example, Medieval romance was popular in Europe against the ascetic ideals of the age. The works of Chaucer and Shakespeare revealed romantic qualities in the periods whose main stream was classic. But this kind of typological view tends to ignore the historical dimension of Romanticism, a special movement in art and ideas which occurred in the Western world in the late 18th and early 19th centuries.

It is this second sense of Romanticism, a special historical movement in art and ideas, that is really epoch-making and more representative of the two. Romanticism has been basically understood as the "anti-rationalist revolt" against the Neoclassic values of the previous centuries. It was a great turning from a satisfaction with universal reason to an indulgence in passion and sensibility; from an emphasis on the general and conventional to that on the individual and particular; from scientific mechanism to philosophical idealism and the world of myth and mysticism; from a preference for city to a love of country; from the ascendance of the reason to that of the imagination, and etc.

But a widely accepted notion is that the attempts to build up a theory of Romanticism by listing sets of attributes must be fail. The focal point is shifted to the question: What is the essence of Romanticism? Its essence can be found in the concept, Self. In the 19th century, the failure of the Enlightenment and its outcome brought forth the social alienation. In the world where nothing secured stability, and the pressures of the industrial society increased the sense of cosmic isolation, it was necessary for the self to ensure its identity by creating its own world. In this world, self becomes the primary source of value and order, and thus redeems the world through its own imaginative radiance. The self as a source of value operates as a fundamental impulse behind Romanticism.

In conclusion, Romanticism is essentially based upon the individual experience of the self and the world. It comes, more than anything else, from an attempt to seek to place the changeful self in the perspective of its origins and to realize a sense of stability in a rapidly changing world. Romanticism can be most succinctly described in terms of the self and subjectivity, with all the other elements being subordinated to this base concept.

7. 논쟁과 설득(Argument and Persuasion)

위에서 묘사, 서술, 예시, 분류, 비교와 대조, 정의 등을 통하여 좋은 에세이를 쓰기 위한 다양한 전개 방식들을 살펴보았다. 글에는 여러 종류가 있고 또한 글을 쓰고자 하는 이유들도 다양하지만, 일반적으로 가장 많이 쓰고자 하는 글은 아마도 논쟁과 설득을 위한 글이 아닐까? 특히 대학에서 학생들에게 요구하는 대부분의 글은, 시, 소설, 수필 등의 문학 작품도, 일기나 편지 같은 사적인 글도 아니고, 논지가 명확하고 논리가 정연한 '논술'이다. 따라서 다양한 전개 방식들을 잘 활용하여 논지를 명료하고, 논리 정연하고, 설득력 있게 제시하는 연습이 중요하다.

아래에 예시된 "**Ban on Handguns**"은 개인의 권총 소지를 반대하는 글이다. 여기서 저자는 권총 때문에 발생한 미국의 역사적인 비극을 상기시키는 것으로부터 시작하여 지금도 여전히 권총이 심각한 사회문제를 야기하고 있는 것을 지적한다. 왜 권총 소지를 금해야 하는지 저자 나름대로의 논리를 설득력 있게 제시한다.

"**Man's Relations**"는 쌩 떽쥐뻬리의 유명한 작품인 『바람과 모래와 별들』(***Wind, Sand and Stars***)을 읽고 난 후 쓴 일종의 독후감이다. 그러나 여기서 저자는 자신의 느낌이나 감상을 적는 대신, 이 작품의 중요한 주제를 '인간관계'로 전제하고, 이 작품을 '인간관계'라는 주제를 중심으로 분석한다. 자신의 논지를 뒷받침하기 위해 작품의 내용을 직, 간접적으로 적절히 인용, 또는 설명함으로써 글의 설득력을 높였다.

예 1. **Ban on Handguns**

Robert J. Manning

Gun control has become a major issue since the shooting of President John F. Kennedy, Senator Robert Kennedy, the Reverend Martin Luther King, and former Governor George Wallace. The handgun issue was again raised after former President Ford had two close calls with an assassin. Both attempts occurred within a two week time frame and were made possible because of handguns. Many solutions to this problem have been proposed, but I think the strongest and most effective proposal involves the complete ban on handguns.

Ninety percent of the murders in this country are committed by the use of the pistol. This is because a pistol is easy to conceal, making it possible to get near the intended victim. Also, a pistol is so easy to operate that any maniac or idiot can use it. In addition, the pistol is of quick and handy use, so that a murder may be committed within a flash.

Consider also what the primary function of a handgun is. The only function of a handgun is to kill someone. It serves no other purposes. Every other weapon which is used in committing murder serves some other functions and, therefore, justifies its existence, at least partially. The handgun, however, has no good justification for existence.

In my opinion, only prohibiting the possession of hand guns by private citizens will be effective. Most of the handgun owners are decent, law abiding citizens, but their homes represent a vast arsenal to the criminal. The first and foremost argument that has been raised against prohibition of handguns, is the protection provided by the handgun. Some say, a little old lady becomes equal in power to any size intruder. Yet how many times will that little old lady win over an intruder? Probably not at all. Better yet, how many times will that little old lady blow away an innocent victim because she imagined that he or she was an intruder? In fact, a gun kept by a civilian for protection is more likely to kill a family member or friend than an intruder or attacker.

More and more Americans are becoming aware that there is a way to reduce the number of deaths and murders that we read about in the newspaper each day, and hear on the T. V. news in the evening. That way is to establish a ban on all private possessions of handguns. Although this may present some difficulties, the result will be dramatic: less deaths due to handguns and less murder overall.

예 2. **Man's Relations**

Jack Brothers

The book, *Wind, Sand and Stars* by Antoine De Saint Exupéry expresses the human element on earth thoughtfully, with a cross section of ideas and examples that convey the basic image upon which each reader may brush his own painting. The stories related throughout the book are precise in detail, yet tolerant to personal interpretation. Strong human conditions are expressed in the book; pain, elation, and solitude are each relayed gracefully. *Wind, Sand and Stars* takes the reader from the sobering facts of man's daily life to the intoxicating heights of his dreams.

Man's ungraceful method of dealing with his own species is established early in chapter one, "The Craft." As an unfledged member of the French air mail corps the author tells of his fear of the hazards that could be encountered during the course of his new profession. These anxieties were enhanced by the spine-tingling stories told by the seasoned pilots. On the eve of his initial flight, the untested aviator visits his close friend and experienced flyer, Guillaumet. During this meeting the author has his fears put to rest by the warm and compassionate Guillaumet. The two men's meeting relays well the understanding compassion of human relations.

Human relations form the base of all man's thoughts and deeds. In reference to the joy of human relations Exupéry writes, "We forget that there is no hope of joy except in human relations," and "True riches cannot be bought." The traumatic story of Guillaumet's struggle for survival while lost in the Andes does not portray his battle for life as being based on his own will to live, but for the sake of those who awaited his return. This passage depicts the great extents that man will go to preserve his relations with others. Human relationships do not develop over night, nor can they be abrogated by any force other than nature. About this the author writes, "It is idle, having planted an acorn in the morning, to expect that afternoon to sit in the shade of the oak." The primary message presented by Exupéry in the second chapter is that of the importance that lies in the experience of emotional and spiritual growth through human relations.

The significance of machines as they relate to men is expounded upon in chapter three, "The Tool." As the author explains, the incorporation of machines into the human element has long been denounced as the facilitating factor in the downfall of human relations. Society overlooks the fact that if it were not for machines man could not have developed relations to the extent that he now knows. Machines are analyzed by the author as follows: "The central struggle of men has ever been to understand one another, to join together for the common weal. And it is this very thing that the machine helps them to do! It begins by annihilating time and space." He also says, "Transport of the mails, transport of the human voice, transport of flickering pictures – in this century as in others our highest accomplishments still have the single aim of bringing men together." Exupéry's resourceful use of personification allows the reader to easily refashion his perception of machines.

The summation of man's existence on earth is written in chapter eight, "Prisoner of the Sand." Based upon the unpleasant experiences he suffered while stranded in the Libyan Desert, the author narrates the significance of man's respect for the earth on which he lives. The earth is cold and unforgiving, and man must be aware of the fact that the very basics of human existence are forever in danger because life may only exist where nature will allow it. In reference to this Exupéry writes, "How empty of life is this planet of ours!" and ". . . its rivers, its woods, its human habitations were the product of chance . . ." The dangers of the human element arise in both the human condition and in nature.

The book's conclusion provides the reader with an analogy of human relations by telling of a small boy and his family facing the hardships of the world together. Exupéry eloquently pens how a man can ascertain the gifts of the earth simply by awakening his mind to his own surroundings. Unfortunately this is the exception and not the rule, as Exupéry says, "too many men are left unawakened."

The fundamental thread that holds *Wind, Sand and Stars* together is the symbolic representation of the importance of the human element in man's life. The book can be interpreted differently by each person who reads it; however, its principle element cannot be ignored. The complexity of the human condition is slowly unraveled to reveal that there is only one true component: human relations. In man's relations with his surroundings and with other men lay his pains, joys, hopes and dreams.

제5장 에세이쓰기

에세이쓰기는 다음과 같은 순서로 진행하는 것이 좋다. 그러나 이 순서가 절대적인 것은 물론 아니다. 실제로 글을 쓰는 과정에서 이 모든 단계들을 수없이 왕래하게 된다. 글의 모든 부분이 유기적으로 연결되어 있기 때문이다. 글을 쓸 때 보통 서론으로 시작하지만, 서론은 제일 마지막에 완성된다는 사실이 이것을 입증한다.

1. 브레인스토밍(Brainstorming)

이 첫 단계에서는 글의 주제와 관련하여 머릿속에 떠오르는 모든 생각들을 문장, 어구, 단어, 그림 등으로 표현한다. 창의적인 것이든 진부한 것이든 구분하지 말고 무엇이든지 생각나는 대로 자유롭게 적는 것이 좋다. 문법이 틀려도, 생각이 토막토막 끊어져도 괜찮다. 자유로운 브레인스토밍을 하는 과정에서 이전에는 미처 생각지 못한 기발한 아이디어가 떠오른다거나, 모호했던 개념이 명료해지기도 한다. 일단 모든 생각의 파편들을 적어놓은 후, 다음 단계에서 옥석을 가려내어 사용할 것과 버릴 것을 나누면 된다.

Notice
글의 주제를 정할 때는 우선 본인이 관심을 갖고, 또 잘 아는 것으로 정해야 한다. 아무리 그럴듯한 주제라고 할지라도 저자가 그것에 대해 잘 알지 못하면 좋은 글을 쓸 수 없다는 것을 기억하라.

2. 초안 작성(Pre-writing: Outlining)

이 단계는 글의 전체적인 윤곽을 잡는 단계이다. 주제를 효율적으로 다루기 위해서는 주제의 범위를 제한해야 한다. 예컨대, "English Education in Korea" 같은 주제는 너무 광범위하므로 짧은 글의 주제로는 적합하지 않다. 주제(Topic)와 논제(Thesis)를 정한 후에는 서론, 본론, 결론을 어떻게 구성하며, 글의 전개 방식으로 어떤 것들을 택할 것인지 구상한다. 논제를 뒷받침하기 위한 주제문들을 여러 개 적어본 후 그 중에서 가장 적절한 문장을 3개 골라 본론의 각 문단에 배열하고, 주제문들을 뒷받침할 내용들을 생각한다. 이 단계에서는 글의 전체적인 틀을 잡는 것이 가장 중요하다.

3. 초고쓰기(1st Draft)

초안을 가이드 삼아, 본격적인 에세이를 쓰기 시작한다. 서론에서 오리엔테이션과 논제를 기술한다. 본론에서 문단별로 하나의 주제문과 그 주제문을 지지하는 여러 문장들을 작성한다. 주제문을 뒷받침하는 문장의 개수가 중요한 것은 아니지만, 대체로 **3문장 이상**은 되어야 글이 최소한의 설득력을 지닌다. 문단작성에서는 논리적 전개와 문단의 통일성이 무엇보다도 중요하다. 결론은 글의 성격에 따라서 요약, 제언, 예견, 정보의 유용성 예시 중에서 적절한 방법을 선택하여 작성한다. 때에 따라서 여러 방법을 혼용할 수도 있다. 초고쓰기에서 적어도 전체 에세이의 골격이 갖춰져야 한다. 아직은 문법적인 오류나 구두점 등 세부사항에 대하여는 염려할 필요가 없다.

4. 수정(Revision)

글은 한 번 썼다고 끝나는 것이 아니다. 글쓰기에서 쓰기 자체만큼이나 중요한 것이 수정이다. 프랑스의 문호 **폴 발레리(Paul Valery)**는 **"시란 결코 완성되지 않는다. 다만 중도에 포기할 뿐이다"**라는 유명한 말을 남겼다. 영국 소설가 **서머셋 모옴(Somerset Maugham)**의 경우에는, 그가 쓴 소설을 그의 여비서가 새빨갛게 수정했다는 일화가 전해지기도 한다.

좋은 글을 위해서는 아무리 수정을 거듭해도 부족하다. 전업 작가들조차 사정상 중도에서 수정을 멈추는 것일 뿐, 자기 글에 만족하는 경우는 드물다. 자기 작품을 계속 수정하다가 미완성으로 남겨둔 채 세상을 떠난 작가도 있지 않은가.

이와 반대로 한 번 쓴 글을 두 번 다시 읽지 않고 끝내는 사람도 있는데, 이것은 매우 어리석은 태도다. 수정은 최소한 3회 정도 필요하며, 주관적 오류에서 벗어나기 위해서 자기 글을 제3자의 객관적 시각으로 읽는 것이 필요하다.

(1) 제1차 수정(First Revision)

초고가 준비되면 다음의 질문들을 토대로 글의 **주요 요소들**이 빠짐없이 작성되었는지 점검한다. 1차 수정을 거친 후 **2고(Second Draft)**를 작성한다.

1. **"So What?" Test**: 내 글의 주제(Topic) 및 논제(Thesis)가 독창적이며 의미 있는 것인가? 그리고 독자의 관심과 흥미를 유발하는가?
2. 나는 이 논제에 관해 잘 알고 충분한 정보를 갖고 있는가?
3. 이 글은 정직한가? 남의 글을 표절한 곳은 없는가?
4. 서론에서 충분한 오리엔테이션을 제공하고 논제를 명확히 제시했는가?
5. 서론, 본론, 결론이 적절히 구성되었는가?
6. 본론의 주제문들이 글의 논제와 긴밀히 연관되고, 논제를 잘 뒷받침하는가?
7. 본론의 문단들이 각각 하나의 주제문을 갖고 있으며, 다른 문장들은 주제문을 잘 뒷받침하는가? 문단의 통일성을 해치는 문장들은 없는가?
8. 글의 논리가 정연한가? 논지를 증명하기 위해 필요한 정보를 제공했는가?
9. 이 글의 가장 잘 된 부분이 어디이며, 그 이유는 무엇인가?
10. 이 글의 가장 취약한 부분이 어디이며, 그 이유는 무엇인가? 이 부분을 개선하기 위해서 어떻게 할 것인가?

(2) 제2차 수정(Second Revision)

2고가 준비되면 다음의 질문들을 토대로 글의 **세부사항들**이 빠짐없이 기술되었는지 꼼꼼하게 점검한다. 2차 수정을 거친 후 **3고(Third Draft)**를 작성한다.

1. 내가 쓰고자 하는 내용을 정확하게 표현했는가? 뜻이 모호하거나, 어색하거나, 모순적인 곳은 없는가?
2. 문장형식이나 길이에 있어서 다양한 문장들을 구사했는가?
3. 같은 문장을 중복하거나, 필요한 부분을 생략한 곳은 없는가?
4. 구두점들은 모두 정확한가?
5. 어휘들은 적절하게 사용되었는가?
6. 단어의 철자들은 정확한가?
7. 주요 오류들**(Frag, CS, FS 등)**을 범하지 않았는가?

8. 영어의 구조에 맞지 않는 비문(Non-English)은 없는가?
9. 구어체를 사용한 곳은 없는가?
10. 전체적으로 에세이 형식을 잘 따르고 있는가?

(3) 제3차 수정(Third Revision)

3고가 준비되면, 다음의 질문들을 토대로 **총체적 구성, 내용, 기술적 부분 등**을 다시 한 번 점검한다. 3차 수정을 거친 원고가 **최종 원고(Final Draft)**가 된다.

1. 글의 목적을 분명히 알고 썼으며, 나의 의도가 충분히 드러났는가?
2. 글의 독자가 누구인지 알고 있으며, 독자의 수준을 고려했는가?
3. 글의 의미가 명확하고 핵심적인 논지가 충분히 뒷받침되었는가?
4. 서론에서 논제를 분명히 제시하고 흥미를 유발했는가?
5. 문단들이 논리 정연하게 배열되었는가? 논리의 비약은 없는가?
6. 각 문단이 주제문을 중심으로 통일성 있게 구성되었는가?
7. 문장과 문장 사이, 문단과 문단 사이의 전이(**Transition**)가 자연스러운가?
8. 결론이 갑작스럽게 도출되지 않고, 글 전체를 잘 아우르는가?
9. 글의 제목은 간결하면서도 인상적인가?
10. 글이 전체적으로 설득력을 갖고 완성도를 나타내는가?

부 록

연습문제 해답

연습문제 1

A. 1. sing 2. shines 3. shouted 4. blows 5. bloom 6. changes
7. swim 8. speak 9. falls 10. arrive

B. 1. Children play with a ball in the playground.
2. Summer has come already.
3. Cars and trains run at sixty kilometers per hour.
4. The pretty girl lives at her grandmother's house in the country.
5. A small baby smiles at me.
6. The earth revolves(moves) around the sun.
7. Leaves fall in (the) autumn.
8. Airplanes fly in the sky like birds.
9. The store opens at nine o'clock in the morning, and closes at six in the evening.
10. These days, many people jog in the park before breakfast.

C. 1. There is a fly in my soup.
2. There aren't any books left on the bookshelf.
3. There are some strangers standing near the wall.
4. There was nobody in the garden last night.
5. There is no doubt about the matter.
6. There is a tall tree (standing) in the center of the park.
7. There was an old golden chair in the museum.
8. There was a big fire in this city last night.
9. There are few grammatical mistakes in your English composition.
10. There is a huge crater on the top of the Mt. Halla.
11. There is someone at the door to see you.
12. There is no single grass or tree on this rocky mountain.
13. There was a graduation ceremony in the auditorium yesterday.
14. There are frequent car accidents on this expressway.
15. There are many beautiful mountains and rivers around this village.

D. 1. It seems (that) the English Conversation Class has already ended.
2. It appears (that) the Flight 120 from Los Angeles will arrive late at night.
3. It seemed (that) the husband and wife were hostile to each other.
4. It appeared (that) all the students in the class had been stunned for a moment.
5. It happened (that) my father was in London on business at that time.
6. It seems (that) the tree is bigger on this side of the lake.
7. It appears (that) all the words of my friend are wrong.
8. It happened (that) he failed in his comprehensive examination.
9. It happened (that) his family was away on a tour in France.
10. It happened (that) hundreds of people were working inside of the building that day.
11. It seemed (that) my parents were devoted to each other all their lives.
12. It appeared (that) all the passengers in the bus had been hurt.
13. It seemed (that) she could not read her valedictory because of a sudden illness.
14. It happened (that) they were out when we visited.
15. It seems (that) I will not see any female Pope in my lifetime.

E. 1. Prof. Park and his research team left for Thailand early in the morning.
2. Koreans, Chinese, Australian aborigines, and Englishmen all sang and danced together in the farewell party.
3. The mother and her son always walk hand in hand like lovers.
4. Bill and his family go to Mexico every summer.
5. People communicate in English, Chinese, and Korean in this International Conference.
6. The old man and the boy swim and fish in the pond every weekend.
7. Young Hee and her younger brother worked and studied in an American university for three years.
8. People usually eat or speak loudly on the street in the country.
9. The young boys and girls walk, leap, run, and shout on the grass.
10. A lot of strangers come and go, and meet and part in the bus terminal.

연습문제 2

A. 1. taste 2. looks 3. married 4. grew 5. turns 6. remained
7. appeared 8. smells 9. became 10. feel

B. 1. became a Music teacher 2. is the last masterpiece
3. was my father's patient 4. is a unique city
5. are the required subjects 6. were discharged soldiers
7. are the ballerinas 8. became a fighter pilot
9. was a social worker 10. are the alumni

C. 1. thick and heavy 2. behaving 3. cheap and convenient
4. sweet and fragrant 5. taking a walk 6. constructing
7. senseless and ridiculous 8. juicy and delicious
9. taking care of 10. becoming

D. 1. New Zealand is famous for its natural scenery.
2. At that time, her family and we were close neighbors.
3. This room was dark and cold all winter long.
4. The street was always noisy and dirty.
5. The food smells bad.
6. Korea and Ireland are similar in many ways.
7. She looked much better this morning.
8. He was a king every inch.
9. Central Library and Students' Hall are crowded with many students.
10. This woolen coat is light, soft, and warm.

E. **My mother** (S) **is** (V) a **career woman** (SC). **She** (S) **works** (V) in her office from Monday to Friday: from nine o'clock in the morning to six in the evening. **She** (S1) **is** (V1) a **counsellor** (SC), so **she** (S2) usually **talks** (V2) to a lot of people. **Some** (S1) of them **are** (V1) **young** (SC1), and **some** (S2) **are** (V2) very **old** (SC2). **Most** (S) of these people **are** (V) total **strangers** (SC) to her. Sometimes **she** (S) has to **talk** (V) all day long. It **is** (V) no **wonder** (SC) **[that** (S) (she (s) usually becomes (v) very tired (sc)) at the end

of a day]. But **she** **is** always **considerate**, **compassionate**, and **dedicated**
S V SC1 SC2 SC3

to her work. **She** seldom **complains** or **gets** **angry**. In addition, **she** **is**
S V1 V2 SC S V

very **faithful** to her family. **She** always **smiles** at us when **she** **comes**
SC S1 V1 S2 V2

back home no matter how **tired** **she** may **be**. **My mother** **is** a
SC S3 V3 S V

wonderful **lady**. **I** **am** really **proud** of her.
SC S V SC

연습문제 3

A. 1. stop 2. mind 3. stand 4. prefer 5. finished 6. practises
7. considers 8. kept 9. began 10. intends

B. 1. died a heroic death 2. wished a good luck
3. dreams a terrible dream 4. sang a beautiful song
5. shouted the loud shout 6. fought a brave battle
7. danced traditional folk dances 8. lived a happy life
9. slept a sound sleep 10. laughed a happy laugh

C. 1. began to cry for joy 2. don't forget to post this package today
3. learn to speak and read a foreign language 4. likes to play the cello
5. want to work in this company 6. refused to reveal the truth
7. requires us to take an immediate action 8. offered to carry out his plan
9. aspires to attain fame and money 10. pretended not to see us

D. 1. enjoys, travelling 2. melted 3. killed, married
4. accepted, invitation 5. refused 6. thought, were 7. how to make
8. play 9. didn't know, to sing 10. decide, to go

E. 1. I know that the soccer team has arrived a week ago.
2. He confessed that he was penniless.
3. He could hardly believe that he got the grand prix in the film festival.
4. They firmly believed that God would protect them in the battle.
5. We hope that you will be successful.
6. He said that he was very busy because of an international trade exhibition.

7. We realized that her house was empty.
8. She admitted that she had stolen the clothes in the department store.
9. The new government declared that it would carry out the plan.
10. He doesn't doubt that his wife will come back home again.

F. 1. The old people learned how to play table tennis every Saturday.
2. He couldn't decide easily which way to go at a crossroad.
3. My friend told me where to buy old books in Tokyo.
4. We didn't know what to play next.
5. Would you teach me when to stop this packing press?
6. My mother used to advise how to choose well ripen watermelons.
7. When you have an examination, you have to think over what and how to write on the answer sheet.
8. The novice driver sweated because he didn't know how to park on the narrow lane.
9. We wandered for a long time because we didn't know where to buy train tickets.
10. The foreigners couldn't figure out how to wear Korean traditional clothes.

G. 1. visited 2. encountered 3. happened 4. stayed 5. realized
6. thought 7. had 8. admit 9. confess 10. fallen in love
11. neglected 12. passed 13. began 14. go steady 15. liked
16. struck 17. proposed 18. came true 19. met 20. objected

연습문제 4

A. 1. returned him the suitcase 2. passed me the salt
3. read the blind man the novel 4. sent his lover a birthday present
5. owe you a lot of things 6. lent me much money
7. taught his children two foreign languages
8. cooked her nephews delicious meals
9. promised me a monthly salary
10. deliver your father-in-law this letter

B. 1. He showed off his new car to his friends.
2. The booklet offers practical advice to people with housing problems.

3. The laborers send much money to their families at home every month.
4. The volunteer workers built a new pretty house for the children.
5. The German Orchestra played several Korean folk songs for the Korean audience.
6. She promised her husband that she would come home after three months.
7. The man could not convince the policeman that he was innocent.
8. We will inform them that we cannot participate in the contest.
9. They showed us that they could reform the old system.
10. To my regret, he told me that he could not accept my invitation.

연습문제 5

A. 1. dumb 2. enormous 3. red 4. clear 5. secret 6. strong
7. happy 8. spellbound 9. loud and clear 10. black and blue

B. 1. make(let), speaking 2. left, doubting 3. made, dozing
4. make(have), flying 5. made, beating 6. sent, flying 7. make, moving
8. made, smiling 9. let me catch, doing 10. imagine, climbing

C. 1. turned 2. destroyed 3. stolen 4. recited 5. understood
6. closed 7. taken 8. changed 9. removed 10. broken

D. 1. We all supposed the gentleman to be a wise man.
2. Let the line AB be equal in length to the line XY.
3. I guess him to be about eighty.
4. They all felt the research project to be unprofitable.
5. We thought this to be a nonfiction.
6. I want you to remain my assistance until the end of the semester.
7. They all supposed King Lear to be a mad man.
8. He recommended his son to be the chairman of the board of trustees.
9. All the participants felt the proposal to be unwise.
10. They knew him to have been a spy for about ten years.

E. 1. They thought him a general.
2. She made the job a success.
3. He considered his son a good doctor.
4. People(They) crowned Alexander their king.

5. They elected a Korean their new leader.
6. He made her his wife after the five years of courtship.
7. That young mother thinks her son a genius.
8. The fool considers himself wise, but the wise man considers himself foolish.
9. He made dancing his career in spite of his father's strong objection.
10. The country chose a little girl its queen.

연습문제 6

A. 1. 중. I noticed . . . so I went . . .
S1 V1 Conj S2 V2

2. 단. Korean students spend . . . and . . .
S V Conj

3. 중. The movie was over, and we . . . went . . .
S1 V1 Conj S2 V2

4. 중. They . . . cancel, . . . for a civil war broke out . . .
S1 V1 Conj S2 V2

5. 중. He is . . . but his father is . . .
S1 V1 Conj S2 V2

6. 단. Do you like . . . or . . .
S1 V1 Conj

7. 중. They went . . . and a ski coach was . . .
S1 V1 Conj S2 V2

8. 중. This hotel is . . . yet . . . surrounding is . . .
S1 V1 Conj S2 V2

9. 단. She . . . stopped . . .
S1 V1

10. 단. The little boys came . . . played . . . read . . . and watched . . .
S1 V1 V2 V3 Conj V4

11. 중. You can read . . . or you can enjoy . . .
S1 V1 Conj S2 V2

12. 단. He hopes . . .
S V

13. 중. She never saw . . . nor did she regret
S1 V1 Conj S2 V2

14. 단. <u>He</u> <u>stood</u> . . .
S V

15. 단. The big <u>city</u> <u>is sprawling out</u> . . .
S V

B. 1. but 2. so 3. and 4. or 5. for 6. so 7. or 8. so
9. yet 10. nor

C. 1. and he watched her leaving
2. but she is not young any more
3. so audience gave him a standing ovation
4. for the travel includes many walking courses
5. nor did he like it when he was young
6. so it has lots of interesting places to go
7. or you will have to wait until next year
8. yet the teacher took no notice of it
9. so she could hardly do anything for a long while
10. and it became the symbol of an indomitable spirit.

연습문제 7

A. 1. It is remarkable <u>that</u> he passed the entrance examination so young.
2. It made his father sad <u>that</u> he had a big fight with his elder brother.
3. The visitors did not recognize <u>that</u> the cathedral was closed on Mondays.
4. Nobody knew <u>that</u> earthquakes were frequent in this village in the past.
5. The lady <u>who</u> wears a beautiful blue dress is his wife.
6. The novel <u>that</u> my friend wrote became a bestseller as soon as it was published.
7. The famous poet recited his own poems <u>that</u> are very popular among college students.
8. These days foreigners like Korean clothes <u>that</u> are of good quality.
9. This is the news <u>that</u> I learned from good authority.
10. The man in white shirts is an actor <u>who</u> is well known in Asian countries.

B. 1. <u>where they had spent last summer</u>(명) 2. <u>where he comes from</u>(형)
3. <u>who does wrong</u>(형) 4. <u>That he practiced a lot</u>(명)

5. why they are so critical about the movie(형)
6. that they don't respect the wisdom of old people(명)
7. that he didn't steal the purse(명) 8. that he didn't like at all(형)
9. that a Korean artist painted 1,000 years ago(형)
10. That they moved such a huge stone(명)

C. 1. (that are) still open 2. (why) she came to the party alone
3. (that) he really wants 4. (where) my parents lived ten years ago
5. that human beings still destroy nature seriously
6. That all the international flights will be cancelled
7. that she got the first prize in the English writing contest
8. That such a little girl played such a difficult music
9. that all our children are healthy and happy
10. when and where this tedious argument is over

연습문제 8

A. 1. 장소, Wherever you go 2. 시간, As soon as he went out of his office
3. 결과, that everybody was amazed 4. 장소, everywhere you go
5. 시간, since he was a little boy 6. 조건, If I were you
7. 시간, until it was closed 8. 이유, As he had no car
9. 목적, lest you should miss the airplane
10. 방법, as if you are the leader of us
11. 이유, Since the restaurant was so crowded
12. 결과, that she could solve difficult questions
13. 조건, In case nobody appears
14. 양보, even though it looks totally hopeless.
15. 방법, as he planned

B. 1. **After(Since, Because, As, As soon as, When)** the president died, a new government was formed in that country.
2. **Wherever(Everywhere)** we went, we were surrounded by beautiful trees and flowers.
3. We whispered in darkness, **for fear (that)** someone should recognize us.
4. Please send your application forms **before** it is too late.

5. They love each other very much **though(although, even though)** they don't have much money.
6. **Unless** his parents support(**If** his parents do **not** support), the company would go bankrupt.
7. The book was **so** interesting **that** he stayed all night to finish it.
8. Nothing happened **as(like, although, even though)** we had worried.
9. **If** the weather is fine, we will climb the mountain.
10. **Because(As, Since)** it was too cold outside, we had to wear thick clothes.
11. He took care of the patients **as though(as if)** he were their father.
12. People sometimes fail **(even) if** they really work hard.
13. He always visits her **when(ever)** he has time.
14. He was **such** a talented businessman **that** he profited greatly from his enterprise.
15. You ought to go to bed early **in order that(so that)** you may get up early in the morning.

C. 1. **Though** he loves his daughter very much, she hates her father.
2. **Because** it snowed heavily all day yesterday, we read detective stories at home.
3. **Whenever** she prepares breakfast, her husband reads the newspaper of the day.
4. Young ladies prefer vegetables and fish to meat **in order that** they may reduce the amount of cholesterol they eat.
5. **If** you don't keep your promise, it will damage your reputation.
6. **As soon as** he delivered a long speech, he left the room.
7. Nobody recognized the quiet student **until** he got the first prize in the English speech contest.
8. That old lady fell asleep **while** she was watching the soap opera.
9. **If** you pay extra money, you can stay in the hotel as long as you want.
10. The thick fog cleared away gradually **as** the day broke.

D. 1. 혼 **When, but, because** 2. 복 **because** 3. 혼 **Even if, and**
4. 복 **if** 5. 복 **Wherever** 6. 혼 **Although, so** 7. 혼 **and, because**
8. 복 **As** 9. 복 **where** 10. 복 **that** 11. 복 **Ever since**
12. 혼 **when, but** 13. 복 **Although** 14. 복 **If** 15. 혼 **When, and**

E. 1. I tried to call my old friend in the U. S. A., **but** I could not call her **because** I did not know her new telephone number.
2. **As** she parted from her boyfriend at the bus depot, tears dropped from her eyes, **and** he could not go away leaving her alone.
3. **After** we persuaded him, he changed his mind at last, **and** he donated for the community activities.
4. **Although** his parents think they love their only son very much, their son has nobody to talk to, **and** the lonely boy is depressed.
5. **Even if** money can do a lot of good things, some things cannot be bought by money, **so** it is not wise to calculate everything by money.
6. I packed the gift box as quickly as possible, **but** the post office was already closed **when** I ran to the post office on campus.
7. The computer game was very interesting, **so** he spent all afternoon playing on it **although** he has an important examination next day.
8. **Because** it was very dark outside, we had to carry our flashes with us, **but** many people did not bring theirs.
9. **Before** you eat something, you have to wash your hands, **or** you may be sick.
10. **Whenever** she saw young girls on the street, she was sad, **for** they reminded her of her lost daughter.

연습문제 10

A. 1. saw 2. lives 3. shall . . . do 4. snows 5. will be 6. publish
7. used 8. will disappear 9. is 10. will visit

B. 1. have known his family 2. will have closed the door
3. Have you ever been to the Black Sea? 4. had heard the news
5. will have come back home 6. had met each other
7. has just finished his interview 8. shall have lived
9. had already started his speech 10. have never experienced it

C. 1. When we saw him, he **was singing** on stage.
2. I **am practicing** English conversation now.
3. We **will be staying** in a skiing resort about this time next year.
4. He left for the U. S. A. a week ago, and **is living** in a motel now.

5. When you opened the door of my room, I **was trying** a new blouse.
6. He began to do the jigsaw puzzle an hour ago, but **is** still **doing** it.
7. I wonder what you **will be doing** ten years later.
8. **I'm leaving** this crowded city as soon as possible.
9. He **was** always **saying** that health was the most important thing.
10. His fans **will be waiting** at the airport to meet him.

연습문제 11

A. 1. Send this package to New York immediately.
2. Ask as many questions as possible in your classes.
3. Let the children come in to this theatre.
4. Let everybody know the news that he got the gold medal.
5. Don't speak to strangers in the city.
6. Don't call me after 10 o'clock pm.
7. Don't buy food in this department store.
8. Let(Leave) the gate of the house wide open.
9. Let the first draft finished by the day after tomorrow.
10. Cut this paper along the black line, and put the pieces together.

B. 1. If I were you, I would not behave like that.
2. If she were humble, she would be a better mother to her children.
3. If you were brave, you would win the battle.
4. If I had enough time and money, I could complete the project.
5. If she knew this accident, she would be shocked greatly.
6. If he didn't eat any dessert, he could lose his weight.
7. If I were rich, I could found a university.
8. If they talked each other, they could be reconciled easily.
9. If she accepted my request, I would be really happy.
10. If we lived closer, we could meet everyday.

C. 1. If his parents had been alive, he wouldn't have worked so hard.
2. If I had not wasted my time on computer games, my GPA would have been higher.
3. If you had arrived earlier, you would have met the team.

4. If they had been more thoughtful, they wouldn't have divorced so quickly.
5. If I had known his situations, I would have given up my scholarship for him.
6. If you had been here, the accident would not have happened.
7. If we had arrived a little earlier, we could have turned in the report.
8. If she had exercised regularly, she could have reduced her weight.
9. If he had run a little faster, he could have broken his own record.
10. If I had been brave, I could have proposed her.

D. 1. A new program was developed by him.
2. A lot of small shells were gathered by the children on the beach.
3. His successors have respected him for a long time.
4. He has been helped by his parents all his life.
5. A housewife invented this washing machine.
6. An Italian architect designed and built the castle.
7. The surrealistic picture was explained by the painter.
8. His initials were carved on the tree by him.
9. A ten-year-old boy composed this fantastic music.
10. His experiences in life have moulded his character.
11. He and his family are remembered by the people even today.
12. Our assertions were backed up by the latest statistics.
13. She perceived a subtle change in his manner.
14. The Crystal Palace was destroyed by fire in 1936.
15. The computer retrieved the information they needed.

연습문제 12

A. 1. A small cabin **is** in the middle of the green field.
2. The choir **sang** unaccompanied by musical instrument.
3. Those who work in this company **are proud of their jobs**.
4. **All the people** ran out of the building when the fire alarm sounded.
5. **The difficulties are** all in your imagination.
6. **The little girl glowed(was glowing)** with health and happiness.
7. **The traffic was bumper-to-bumper** on the bridge across the river.
8. He likes sports, **such** as baseball, basketball, and volleyball.

9. They sang a lot of songs, **using** their hands.
10. If you have confidence in using English, **you could speak English well**.
11. As soon as he graduated from highschool, **he left the country**.
12. We didn't go out **because** it was very late.
    It was very late, **so** we didn't go out.
13. This is the movie, **which** I told you about before.
    This is the movie. I told you about **it** before.
14. My brother is looking for a new job, **preferably** an office worker.
    My brother is looking for a new job. **He prefers** an office worker.
15. For example, traveling, reading books, and listening to music are my favorite hobbies.

B. **Because Americans come from varied backgrounds**. Many Americans lack full social graces. **And have remarkably small vocabularies**. Don't think they are rude. **If they speak in monosyllables**. **Or answer briefly**. Their brevity is not a personal insult. **Though they may seem blunt to those used to gracious phrases**.

Revisions

(1) Because Americans come from varied backgrounds, many Americans lack full social graces, and have remarkably small vocabularies. Don't think they are rude if they speak in monosyllables, or answer briefly. Their brevity is not a personal insult, though they may seem blunt to those used to gracious phrases.

(2) Americans come from varied backgrounds. So many Americans lack full social graces. They also have remarkably small vocabularies. Usually they speak in monosyllables and answer briefly. But don't think they are rude. They may seem blunt to those used to gracious phrases. But their brevity is not a personal insult.

C. 1. *The day came, **and** luxurious cars arrived in front of the hotel.
   *The day came; luxurious cars arrived in front of the hotel.
   *The day came. **Luxurious** cars arrived in front of the hotel.
   *__When__ the day came, luxurious cars arrived in front of the hotel.

2. *It was his birthday; of course, we had a surprise for him.
   *It was his birthday. **Of course**, we had a surprise for him.

3. *He walked all day long, **so** he became very tired.
   *He walked all day long; he became very tired.
   *He walked all day long. **He** became very tired.
   *Because he walked all day long, he became very tired.
4. *We went to the restaurant, **but** all the tables were taken.
   *We went to the restaurant; all the tables were taken.
   *We went to the restaurant. **All** the tables were taken.
   ***Although** we went to the restaurant, all the tables were taken.
5. *I thought he enjoyed his new job; on the contrary, he hated it.
   *I thought he enjoyed his new job. **On the contrary**, he hated it.
6. *The floor was slippery, **and** I fell down with my face on it.
   *The floor was slippery; I fell down with my face on it.
   *The floor was slippery. I fell down with my face on it.
   ***Because** the floor was slippery, I fell down with my face on it.
7. *It wasn't exactly what I wanted, **but** it turned this way.
   *It wasn't exactly what I wanted; it turned this way.
   *It wasn't exactly what I wanted. **It** turned this way.
8. *The boy was a playful child, **and** therefore, his mother tried to keep him busy all day.
   *The boy was a playful child; therefore, his mother tried to keep him busy all day.
   *The boy was a playful child. **Therefore**, his mother tried to keep him busy all day.
   ***Because** the boy was a playful child, his mother tried to keep him busy all day.
9. *The door flew open, **and** her father stood with a big smile on his face.
   *The door flew open; her father stood with a big smile on his face.
   *The door flew open. **Her** father stood with a big smile on his face.
   ***When** the door flew open, her father stood with a big smile on his face.
10. *It is natural to do wrong things, **and** these things can change our lives.
   *It is natural to do wrong things; these things can change our lives.
   *It is natural to do wrong things. **These** things can change our lives.

연습문제 13

A. 1. are 2. has 3. OK 4. was 5. are 6. has 7. knows
8. speak 9. fight 10. OK

B. Miran Park is a Korean woman. She **is** born in San Francisco and **lives**
was **has lived**
there all her life. When she was young, her dream **is** to be a worldly
was
famous pianist. When she was ten years old, she **get** the 1st prize in an
got
International Young Artist Festival. By the time she **graduates** from
graduated
college, she was already well-known in her country. But since her
marriage, she **didn't play** the piano for years. Even though her husband
hasn't played
still **loved** her very much, he doesn't want her to be famous. Once
loves
he said that if she **were** worldly famous, he wouldn't **marry** her. In
had been **have married**
addition, as a mother of three children, she **had** no time to practise.
has
Especially each of her children **are** much talented, which **meant** that
is **means**
they all **needs** her special care and support. Perhaps she **have** to wait
need **has**
until they all grow up. Nonetheless, she always **hoped** that someday her
hopes
dream **come** true.
will come

연습문제 14

A. 1. pale 2. chilly 3. every 4. greasy 5. leather 6. like
7. heavy 8. gray 9. small 10. slender 11. weak 12. watery

B. 1. these beautiful yellow 2. quiet small European
3. hundred-year-old brown stone 4. inexpensive comfortable leather
5. this delicious soft 6. fantastic red Oriental

7. long curly blond　8. various colorful tropical
9. rich handsome young　10. rare antique glass

C. 1. manly 2. scholarly 3. earthly 4. elderly 5. brotherly
6. sisterly 7. friendly 8. motherly 9. heavenly 10. womanly

D. 1. cheap 2. clean 3. deep 4. direct 5. easy 6. high 7. sharp
8. round 9. slow 10. wide

E. 1. very 2. exactly 3. perfectly 4. incredibly 5. Fortunately
6. quietly 7. aloud 8. peacefully 9. increasingly 10. importantly

연습문제 15

A. 1. She sailed across **the** Altantic in **a** small boat.
2. **The** house at **the** corner of **the** street is my uncle's.
3. His book has already sold over **a** million copies.
4. Would you mind closing **the** window?
5. **The** Arctic Ocean is at **the** North Pole and covered with ice always.
6. Seoul is **the** capital of **the** Republic of Korea.
7. I still have **an** orange a day.
8. He visits Korea several times **a** year.
9. They used to leave **the** right to pursue **the** expedient.
10. **The** true and **the** beautiful are **the** most important factors in his art.
11. We have **a** rule that **the** loser of **the** game buys everyone **a** drink.
12. She is not **the** woman to be deceived easily.
13. **The** accused was brought into **the** court.
14. We have **a** new English teacher. **The** teacher seems to be very kind.
15. If you leave your car there you might get **a** ticket.

B. 1. **The** life of an artist is very difficult.
2. Art is long; life is short.
3. He rose from table and went out.
4. Football is a very popular sport in **the** world today.
5. He gave us beer and cheese; I drank **the** beer, but I didn't eat **the** cheese.
6. **A** beautiful flower vase was put on **the** table.
7. Time goes by quickly when you're enjoying yourself.
8. The breakfast she gave us was excellent.

9. **OK**
10. **The** summer I spent in Cairo last year was one of the hottest days I had ever experienced.
11. **OK**
12. **The** man standing over there is **the** father of a family.
13. She is puffed up with **the** pride of her beauty.
14. **A** poem about **a** tiger by William Blake begins with **the** words: "Tiger! Tiger! burning bright."
15. What **a** desolate place **the** moon must be.

연습문제 16

A. 1. *L'Allegro* / *Il Penseroso* / John Milton's
   2. English / India, Nigeria / Singapore
   3. Five / CBS, NBC, ABC, BBC, CBC / English
   4. Almost / Zeus / Olympus / Poseidon / Hades / Underworld
   5. My / Wednesday
   6. Last / I / World Literature II
   7. In / "On First Looking into Chapman's *Homer*" / Keats / Then / When
   8. Locke's / *Two Treatises of Civil Government*
   9. Romantic / Beethoven / Sibelius
   10. On / September / American / Voyager One / Jupiter
   11. The National Endowment / Humanities
   12. Writing / English Department
   13. The / Vauvenargues / French / Mirabeau / I / Plutarch's *Lives*
   14. Theoretically / Burmese / British
   15. Let / New Hampshire / New York / Alleghenies / Pennsylvania / Rockies / Colorado / California

B. **Above** all, **he** must convince us that we are taking part **in** the making of great history, give us a sense of **glory** about ourselves. **Winston Churchill** managed, by sheer **rhetoric**, to turn the **British** defeat and **the evacuation of Dunkirk** in 1940 into a major **victory**. **FDR's** words turned the sinking of the **American** fleet **at Pearl Harbor** into a national rallying cry instead of a humiliating **national scandal**. **A leader** must stir our blood, not appeal to our **reason**.

연습문제 17

A. 1. Lastly, they all passed the examination.
2. Have you not, moreover, watched their faces when they came?
3. What is it in literature that produces joy?
4. He shouted, "Please be on time!"
5. Mr. Franklin got his Ph. D. in English Literature thirty years ago.
6. Some differences are minor, and we will soon become accustomed to them.
7. While I was in San Francisco, I saw my first earthquake.
8. We have been absorbed with road building, city building, free education for millions of children, and the assimilation of countless strangers.
9. What a dull world it would be if this were not true!
10. "Mourad," I said, "Where did you steal this horse?"
11. Our attention has been inward, not global, through these years.
12. Have you taken your vacation yet?
13. The entire twenty-story brick building sprang outward like a door, and it fell sprawling across the street!
14. Unfortunately, we do not teach enough about other cultures, customs, or even geography in our schools.
15. Isn't it interesting to see how different these twins are?

B. 1. We refuse to believe that there is enough water for everybody.
2. Perhaps writers have not served society well, but they have been representatives of what the society is.
3. Activities are good and beneficial, but activities alone don't make a college.
4. Words are often very tricky, and we have to use them correctly.
5. If a man can't read, he can't write, either.
6. Nobody knows how to deal with them.
7. The friendship between my father and Bob grew ever stronger.
8. Everything in Alice's house was whole, placid, and healthy.
9. Of course, some men are eager to talk about family matters.
10. I began working in journalism when I was fifteen years old.

연습문제 18

A. 1. The winners are as follows: Jack, Thompson, and William.

2. He was once a good writer; now he writes for money.

3. I have just read *Womanhood: The Development of Self-Identity.*

4. The medicine caused her to experience one side effect: it made her sleepy.

5. Being a man is bad enough; being manly is appalling.

6. This auditorium is huge; therefore, a lot of people can be accommodated.

7. Three influential countries in Asia are these: Korea, Japan, and China.

8. The king of all painkillers, of course, is aspirin.

9. If the doctors had not saved her, she would have died.

10. In any case, honor should not be scorned; justice should not be violated.

B. 1. women's 2. sun's 3. dentist's 4. OK 5. '99 6. OK 7. You're 8. if's 9. OK 10. There's

C. 1. "College Students in Korea"

2. "Although maintaining this office is expensive," / "it is very convenient."

3. "How can I get to the post office?" 4. "You Are My Sunshine."

5. "nothing is so beautiful as spring." 6. "Gag Concert"

7. "Think about the poor people who have nothing to eat."

8. "the Mona Lisa" 9. "The privileges of beauty are immense,"

10. "For whom the bell tolls,"

D. 1. Mental processes(—)creative or calculating(—)seem to be aided as well.

2. In 1977, nearly one(-)third of the eighteen to twenty(-)one(-)year(-) olds were in college.

3. Many background(-)music records(—)"Music for Dining," "Music for Reading" and the like(—)help to calm nerves and assuage fatigue.

4. He is a unitary biological creature, an individual(—)"undivided"(—) with one complete set of biological needs and purposes.

5. Let us consider what science can do and cannot do(—)its proper scope and function.

6. The transition to adulthood was handled(—)though not always easily or without tension(—)through a long apprenticeship.

7. It is not easy for a black woman to live in a male(-)oriented and

male(-)dominated white world.

8. We have always stood for the higher literacy(—)the ability to read intelligently and write respectably.
9. To be a man is somehow(—)even now in feminist-influenced world(—)a privilege.
10. This business will become self(-)supporting in one or two years.
11. The death of anyone(—)even a convicted killer(—)diminishes us all.
12. I know who he is, Mr.(—)Mr.(—)Mr.(—)Mr. Thompson, the dramatist.
13. Green, yellow, red, violet, gray, and black(—)these are all colored(-)pencils we have in the store now.
14. Most men believe(—)and with reason(—)that their lives are bad enough.
15. This is the so(-)called "Dress Code" of the East(—)West Hotel.

연습문제 19

A. 2문단: In those days 3문단: It was industrialization
4문단: Finally school has

B. 1. Of all the forms of art, music is the freest.
2. My roommate is a wonderful person.
3. Remote and secluded spots should be preserved from the indiscreet human contact.
4. This relationship, however, is one-sided, not reciprocal.
5. Psychology is actually a far more dangerous than physics.
6. The scientific development of this age is incredible.
7. According to some philosophers, experiences are uncommunicable.
8. Of all the characteristics of human nature envy is perhaps the most unfortunate.
9. We are living in an age of discomfort and social upheaval.
10. The simplicity of life is the highest and sanest ideal for civilization and culture.

C. 1. In many countries, cities and towns lack any municipal supply of pure water.
2. Headlines are written by those highly skilled in their jobs. Once the

drudges of the newspaper office, these news writers in recent years have been accorded greater respect.

3. In some poor countries, parents don't practice birth control to have as many children as possible.
4. Reading makes a full man; conference a ready man; and writing an exact man.
5. It is not easy to keep friendship after we graduate from schools.
6. Baseball is also very popular in my country these days, but football is more interesting.
7. Few visitors to California know many statistics about the state.
8. Today there's disillusionment at the failure of the experts, but the experts fail partly because they are experts.
9. Cultural exchange is another way foreign food words become a part of English language.
10. There are two kinds of twins, fraternal and identical.

연습문제 20

A. Sample Answers

1. Culture is essentially a product of leisure. It is our leisure hours which make life pleasant, carefree, and endurable.
2. Out of many birthrights of human beings, the most important ones are freedom, equality, and love.
3. Smoking cigarettes is the road to serious diseases including lung cancer, incredible medical bills, and a tragic end.
4. The computer game, if not properly used, can destroy the lives of young kids. They may lose interests in other activities, they may not distinguish reality from fantasy, and, worst of all, they might imitate the evil actions of its characters.
5. Nowadays Kimchi becomes very popular among foreigners because Kimchi is known to be a delicious, nutritious, and low caloric diet.
6. The divorce of parents has a far-reaching influence on their children in their personalities, self-identities, and their future.

7. Out of many problems of English education in Korea, the most important three are as follows: too many students in one class, the unbalanced teaching of four skills of English, and no place for students to practice what they learn in school.
8. The real goal of a higher education is not simply to help the student to get a job. It is to help the student to be an independent and mature person equipped with an ability of proper judgment and choice.
9. The three cardinal qualities the leader must have are the power of vision, comradeship, and the spirit of service.
10. We have to teach the importance of the cultural heritage of our nation to the younger generations.

B. Sample Answers

1. There is a saying, "All work and no play makes Jack a dull boy." We live in a society where only work (or study) is emphasized. Even young boys or girls are not given enough time to play. Instead, they are driven to an endless competition of studies. But if we go on like this, ignoring the importance of leisure (or play), we will produce a very dull society without any culture which enriches our lives.
2. We are born with inalienable human rights. Most of the countries declare the rights of man in their constitutions. But in despotic countries the fundamental human rights are infringed. Their rights of living, speech, and beliefs are totally violated.
3. Smoking cigarettes may look cool, mature, independent, and attractive. But this is a myth fabricated by commercial advertisements through magazines or other mass media. In reality smoking is good for nothing. It causes pain and great sufferings not only to the smokers themselves but also to their families.
4. These days we do everything through a computer from sending personal mails to having business meetings. Our children seem to learn more from a computer than from school education. Everyone knows that a computer is very convenient. But it also has quite a few negative effects; one of them is related to computer games. Children spend a lot of time doing computer games every day.
5. About twenty years ago, Kimchi was the favorite food to Koreans mainly. It was not well known in other countries. Occasionally we could meet some

foreigners who liked Kimchi. More often than not Kimchi was treated as the disgusting food because of its strong smell. But this is no longer true.

6. Unlike the past when divorce was disapproved in general, nowadays a lot of married couples consider divorce as the best choice for the rest of their lives. It is understandable from their perspectives, but the bad effects of divorce are many. Especially its negative effect on children is really enormous.
7. In Korea we start to teach English to our kids from the stage of pre-school. But after a long period of learning English, so many of college students still feel uncomfortable with English. When they are asked to speak in English, they used to say, "My English is poor." What is wrong? Why our smart kids can not learn English after so many years of the investment of time, energy, and money?
8. To get a job becomes the most important issue among college students in Korea. Students start to prepare so-called "spec" almost as soon as they enter colleges. Professors are required to train them to be ready for jobs. It is understandable considering the highly competitive job market. Nonetheless, colleges are not just vocational schools.
9. In the patriarchal society, the familiar image of a leader was that of authoritative, callous, and result-oriented person. This kind of leader always dominates at the top of any organization, directing and controlling the other members. But in the 21st century, the most frequently mentioned type of leadership is that of a servant leadership, the opposite to the previous one.
10. As a nation with a long history, Korea has lots of splendid achievements of the past. *The Tripitaka Koreana* (consisting of over eighty thousand blocks), *the Chom-sung-dae* (observatory of the moon and stars), *the Rain Gauge*, and *the Korean Language* are just some of many national heritages we are very proud of. But unfortunately young people are ignorant of these precious treasures.

연습문제 21 Sample Answers

A. 1. The Passionate Few Who Makes a Classic

2. The Beauty of the Old
(an excerpt from "The Importance of Loafing" by Lin Yutang)

3. Not That Way

B. 1. My Memory of Jeju (또는 A School Excursion in Jeju)

2. Essential Qualifications for a Leader

3. Three Turning Points in My Life

4. My Father in My Life

5. Ban on Gene Cloning

6. Premarital Sex, Is It Right?

7. What's in the Name?

8. Divorce Reconsidered

9. Strange Food, Strange Feeling

10. What's Wrong with Shutdown System?

교정부호(Revision Symbols)

Types	Symbols	Kinds of Error
Mechanics	SVagr	Subject-Verb Agreement
	Pro agr	Pronoun Agreement
	art	Article
	lc	No capital
	mr. (≡)	Capital needed
	^	Omission
	omit	Omit
	P	Punctuation
	ref	Reference and/or Antecedent
	frag	Fragment
	CS	Comma Splice
	Run-on/FS	Run-on (Fused Sentence)
	SS	Sentence Structure (None-English)
	S/pl	Singular/Plural
	Sp	Spelling
	WF	Word Form (Participles, comparisons . . .)
	WO	Word Order
	Tense	Verb Choice (Tense)
Style	coll	Informal Language (Colloquial)
	Intro	Introduction
	Pf/¶	Paragraph Form (Indention, paper . . .)
	//	Parallelism
	SV	Sentence Variety
	Shift	Shift (of person, tense, number, tone)
	(T)	Transition
	WW	Word Choice
Rhetoric	TS	Topic Sentence
	details	Specific Supporting Details
	Concl	Conclusion
	Dev	Method of Development
	G̸	Not Guessable
	?~~~?	Intelligible, but Awkward
	red	Redundancy; Repetition

문장에서 에세이로

From Sentences to Essays

2012년 8월 20일 1판 1쇄 발행

저　　자 : 김숭희
발 행 인 : 이무형
발 행 처 : 태학원

신고번호 : 제406-2012-000070호(1988년 1월 23일)
주　　소 : 경기도 파주시 탄현면 장릉로 49번길 26, 나동
전　　화 : 02-719-6680, 02-715-3554
팩　　스 : 031-941-4135

가　　격 : 15,000원
ISBN / 978-89-92832-61-8　54740